KB183307

한 권으로 끝내는

실패하지 않는 상가 투자

미래를 대비하는 가장 현실적인
수익형 부동산 투자 지침

한 권으로 끝내는 실패하지 않는 상가 투자

송지철 지음

매일경제신문사

시작하면서

저는 회사에서 급여 소득을 만들고 있는 보통의 40대 후반 가장으로, 대학 졸업과 함께 증권 정보를 제공하는 회사에서 사회생활을 시작했습니다. 덕분에 첫 월급부터 그 대부분을 주식 투자 자금으로 사용하기 시작해, 2008년 리먼 사태(서브프라임 모기지 사태)를 온몸으로 겪어내기까지의 수년 동안 주식 투자에 몰두하기도 했습니다. 그리고 그 후유증에서 벗어난 30대 중반에서야 부동산에 관심을 두기 시작했습니다. 단지 부동산을 더 잘 알고 싶어 공인중개사 자격증을 취득했고, 그렇게 30대 후반에 접어든 때에서야 부동산 투자라는 것을 시작하게 되었습니다.

적지 않은 시간이 흘렀음에도 아직 괜찮은 부(富)를 만들지는 못했고, 그저 끊임없이 공부하며 배우는 중입니다. 또한 스스로의 깜냥을 알기에 제가 앞으로도 많은 돈을 벌 수 있을 것이라고도 기대하지 않습니다. 그러나 부동산 투자에 관한 관심과 이해는 보다 안정적인 삶을 일구어가는 것에 도움이 된다고 믿습니다. 그렇기에 제 짧은 여정의 기록이 초보 투자자들께 도움이 되길 바라는 마음으로 책을 쓰기 시작했습니다.

저는 주로 늦은 밤에 하루를 정리하는 차분한 마음으로 책을 읽습니다. 그래서 읽기 쉽게 쓰인 책을 좋아합니다. 이 책을 읽는 분들도 편안한 시간을 보내길 바라는 마음으로, 그간의 배움과 경험을 쉬운 표현과 흥미 있는 내용으로 풀어내고자 노력했습니다. 덧붙여, 상가 투자를 함께 공부해온 아내 안현미와 가끔이지만 임장을 함께해준 딸 이설, 그리고 열정적인 강의로 상가 투자에 대한 시야를 넓혀주신 정원석 강사님께도 감사의 말씀을 드립니다.

송지철

차 례

제4장 임장은 가능한 한 많이 가야 합니다

제5장 괜찮은 상가를 찾았다면 깊이 알아봐야 합니다

제6장 구분상가는 이렇게 매수합니다

제7장 상가 임대사업은 이렇게 시작합니다

제8장 임대차계약은 이렇게 해야 합니다

제9장 임대사업은 세무 처리를 필요로 합니다

제10장 현재의 임대차는 언젠가 만료됩니다

상가 투자는 신중하게 접근해야 합니다

준비 없이 시작하는 상가 투자는 실패합니다

언젠가 회사의 동료 한 분이 아버님이 은퇴 자금으로 매수한 지식산업센터 상가 분양을 잘 받은 것인지를 제게 물어본 적이 있습니다. 그분은 제가 공인중개사 자격증을 가지고 있음을 알고 있었기에 어떤 조언이라도 얻고자 했겠지만, 실상 저는 아무런 조언도 드리지 못했습니다. 공인중개사 자격증의 취득이 부동산 투자에 대한 남다른 안목을 가지고 있음을 의미하지도 않을뿐더러, 상가에 대해서 알고 있는 것도 전혀 없었기 때문입니다. 단순한 무지를 넘어, 상가 투자는 그저 손대면 안 되는 위험한 것으로만 들어왔었기에 평생 저와 관련 없는 것이라고만 생각하고 있었습니다.

시간이 흘러 어느덧 수익형 상가에 투자하는 상황이 되었지만, 지금의 제게도 상가 투자는 누군가에게 쉽게 추천하기 어려운 것이 사실입니다. 상가 투자는 부동산 투자 중에서 제법 난이도가 높은 편이며, 투자를 시작하기 위해 알아야 하는 것도, 그리고 준비해야 하

는 것도 많기 때문입니다. 그래서 그런 일련의 과정도 없이 바로 상가 투자에 뛰어드는 때에는 여지없이 실패라는 덫에 걸려들고 맙니다. 그럼에도 여전히 많은 투자자들은 아무런 준비 없이 상가 투자를 시작합니다. 그래서 상가 투자는 성공하기 어려운 것이 되었습니다.

2009년까지 아파트형 공장으로 불렸던 지식산업센터

출처 : 저자 작성

너무도 많은 투자자가 겪는 상가 투자 실패

근래 여러 유튜브 채널에서 대단지 분양 상가들의 심각한 공실 상황을 보여주는 영상들을 접하게 되었습니다. 하나의 투자 실패 영상을 보게 된 이후로 유튜브의 알고리즘은 비슷한 채널과 영상들을 꾸준히 노출합니다. 그리고 그 영상들에서 볼 수 있는 상가 투자의 실상은 실로 참담합니다. 영상에서 볼 수 있는 대량의 공실과 상권의 몰락은 지방과 수도권을 가리지 않습니다. 그리고 그 상황은 일부의 모습으로 치부할 수 있는 정도를 넘어서 있었습니다.

대량의 공실 상가

출처 : 저자 작성

팬데믹 이후로 빠르게 변해가는 세상은 상황을 더욱 악화시키고 있습니다. 영상들에서 보이는 비어 있는 수많은 상가의 모습 하나하나는 그 자체로 크나큰 공포이자 고통입니다. 그 공실 상가들은 수많은 투자자의 피와 땀이 서려 있는 소중한 자산을 잔혹하게 삼키고 있습니다.

저 또한 장기 공실의 고통을 경험한 적이 있기에 관련 영상들을 볼 때마다 마음이 크게 불편했습니다. '저런 상가를 사면 안 되는데', '잠깐만 살펴봐도 너무 위험한 곳인데', '투자자들은 어쩌다 저런 상가를 사게 되었을까?', '그저 분양사무실에서 상담사들의 말을 믿었을까?', '조금만 준비하고 접근했다면 그런 위험한 선택은 하지 않았을 텐데…'라는 아쉬움이 머릿속을 가득 채웠습니다. 그리고 그렇게 쌓인 생각들이 이 책을 쓰게 된 계기가 되었습니다. 그저 장래에 또 다른 누군가가 상가 투자 실패로 매일 후회하고 고통스러워하는 상황에 놓이지 않도록 돕고 싶었습니다.

성공하기 위해 준비가 필요한 상가 투자

상가는 무턱대고 시작하면 안 됩니다. 기왕 상가 투자를 하기로 결심했다면 돌다리도 두드리는 마음으로 철저한 준비를 통해 투자 실패 가능성이 극히 낮은 안전한 상가를 사야 합니다. 하지만 상가 투자 초보자가 좋은 상가를 알아볼 수 있는 능력을 갖추려면 적지 않은 노력과 시간이 필요한 것이 사실입니다.

저는 첫 상가를 매수하기까지 1년이 넘는 시간이 걸렸습니다. 그 기간 동안 스무 권에 가까운 상가 투자 서적을 읽었으며, 오프라인 부동산 투자 강의를 꾸준히 수강했고, 매 주말 상가 임장을 다녔습니다. 그 정도의 노력과 시간을 투자하니, 어떤 상가를 사야 하고, 어떤 상가는 피해야 하는지를 알 수 있는 안목이 비로소 생겼습니다. 그러나 그런 노력과 시간 투자는 누구에게나 쉽지 않습니다. 상황에 따라 가능하지 않을 수도 있습니다. 그래서 이 책은 그런 투자자를 돕고자 합니다. 이 책을 통해 초보 투자자가 보다 적은 노력과 시간으로도 좋은 상가를 알아보는 눈을 키울 수 있기를 바랍니다.

인플레이션으로 인해 투자는 해야 합니다

자본주의 사회에서 살아가는 우리는 투자를 해야 합니다. 조금 더 와닿는 표현을 사용해본다면, 인플레이션에서 우리의 자산을 지키기 위해 투자를 해야 합니다. 인플레이션의 정의는 '통화량이 팽창해 화폐 가치가 떨어지고 물가가 계속해서 올라 일반 대중의 실질적 소득이 감소하는 현상'이라고 합니다. 중요한 점은 우리가 살아가는 대부분의 시간 동안 이런 인플레이션은 지속된다는 것입니다. 인플레이션이 지속되는 이유는 무엇일까요? 많은 이들은 자본주의 시장이 발달하며 빚이 끊임없이 재생산되는 것을 가장 큰 원인으로 이야기하고 있습니다.

인플레이션을 만드는 빚의 재생산

빚이 재생산되는 예시를 살펴보겠습니다. 한 개의 은행을 가진 외딴 섬에 당신과 홍길동 씨, 둘이 살고 있습니다. 한편 당신과 홍길동 씨는 각각 100만 원을 가지고 있으며, 그에 따라 섬의 총통화

섬에서 각각 100만 원을 가진 두 사람

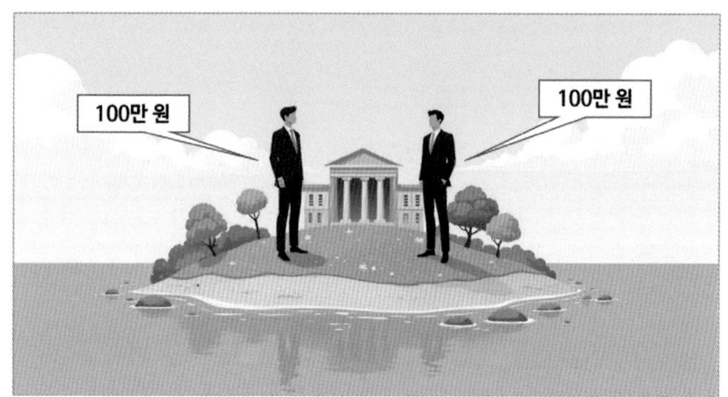

출처 : 저자 작성

량은 200만 원이 됩니다. 이 상황에서, 홍길동 씨는 자신의 돈 모두를 은행에 예치합니다. 그러나 이때도 섬의 총통화량은 200만 원을 유지합니다. 그리고 그 200만 원은 현금 통화량 M1(Money Supply 1, 현금+즉시 인출할 수 있는 예금)이라고 불립니다.

그런데 어느 날, 당신은 돈이 추가로 필요하게 되어 은행에서 90만 원을 대출받습니다. 이때 홍길동 씨는 여전히 100만 원을 가진 상태지만, 이제 당신은 190만 원을 가진 상태가 됩니다. 그래서 섬의 총통화량도 290만 원으로 변경되었습니다. 물론 이 시점에 홍길동 씨가 예금한 돈을 인출하려고 한다면 문제가 발생합니다. 은행은 그에게 돌려줄 돈을 가지고 있지 않기 때문입니다. 하지만 다행히도 홍길동 씨는 1년 만기 정기예금을 했던 것이어서, 돈을 금방 인출하려고 할 것 같지는 않아 보입니다. 이처럼 현금 통화량 M1에 정기예금을 포함한 통화량을 M2(Money Supply 2, M1+단기 인출은 불가능한 예금)라고 부릅니다.

이것이 코로나 팬데믹 이후로 수도 없이 들을 수 있었던 유동성이 확대된 상황입니다. 그렇게 시장에 풀린 돈이 늘어나니 돈의 가치가 떨어집니다. 인플레이션이 발생한 것입니다. 그런데 인플레이션으로 상품들의 가격이 인상되니 사람들의 생계에 부담을 주기 시작합니다. 해당 상황을 개선하기 위해서는 인플레이션을 낮춰야 할 것이고, 인플레이션을 낮추고자 한다면 그 늘어난 통화량을 다시 낮추면 될 것 같습니다. 그러면 통화량은 어떻게 줄일 수 있을까요?

섬으로 다시 돌아가겠습니다. 90만 원을 빌렸던 당신이 그 돈을 은행에 상환하면 섬의 총통화량은 다시 200만 원이 될 것입니다. 즉, 대출자들이 빚을 갚도록 하면 통화량은 줄고, 더불어 인플레이션을 낮추는 효과가 발생합니다. 빚을 갚게 하는 방법은 간단합니다. 다들 알다시피 금리를 높여 대출자에게 부담을 주는 것입니다.

자본주의 발전으로 영원히 반복되는 빚의 재생산

그러나 현실의 상황은 이보다 훨씬 복잡하게 전개됩니다. 발달한 자본주의는 보다 큰 투자를 위해 레버리지라고 불리는, 인플레이션을 가중시키는 활동을 유발합니다. 이는 받은 대출을 담보로 해 또 다시 대출을 받는 것을 의미합니다. 게다가 그렇게 받은 대출을 또

팽창하는 통화량

출처 : Freepik

다시 담보로 또 다른 대출을 받기를 반복하고 또 반복합니다. 앞의 섬 상황으로 보면 대출받은 90만 원을 담보로 다시 80만 원을 대출받고, 그 80만 원을 담보로 다시 70만 원을 대출받고, 그 70만 원을 담보로 다시 60만 원을 대출받는 식입니다. 이런 식으로 대출이 반복되면 섬의 총통화량은 750만 원까지 늘어날 수 있을 것이고, 결국 큰 인플레이션을 만들어낼 것입니다.

이런 구조로 인해 투자 활동과 방법이 지속해서 고도화되고 있는 현대의 자본주의 시장에서 인플레이션은 필연적입니다. 그리고 인플레이션은 앞으로도 우리의 삶 끝까지 따라올 것입니다. 그러나 인플레이션을 무조건 나쁘게만 볼 것은 아닙니다. 경제가 성장하며 기업들의 생산과 시장의 소비가 활성화되는 시기에도 인플레이션은 발생하기 때문입니다. 과거 대한민국이 한강의 기적을 만

1970년대와 1980년대에서의 높은 한국의 인플레이션율

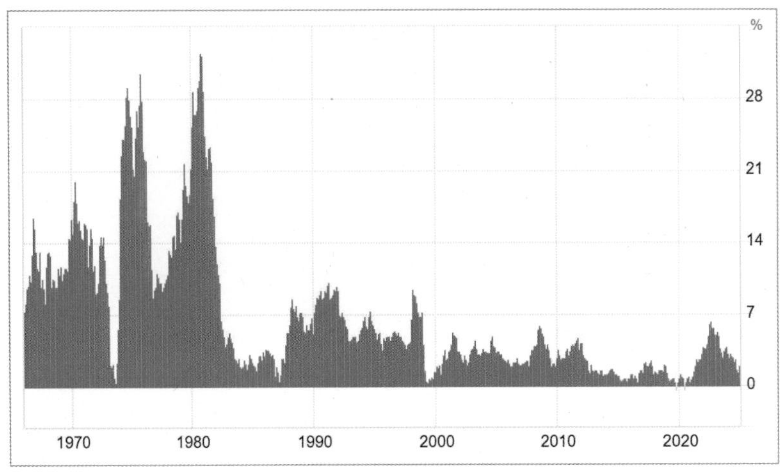

출처 : Trading Econimics

들어내며 고도로 발전하던 때를 생각해보면 쉽게 이해할 수 있을 것입니다.

우리의 삶에서 인플레이션이 지속될 수밖에 없는 이유를 살펴봤습니다. 그리고 이런 현실은 우리의 소중한 자본이 시간의 흐름에 따라 그 가치가 지속해서 하락함을 의미합니다. 돈을 번다는 것, 그 자체로도 쉽지 않은 세상에서, 힘들게 모아온 돈의 가치가 떨어진다는 것은 참기 어려운 상황입니다. 그래서 우리는 인플레이션으로부터 우리의 돈을 지켜야 합니다. 그리고 그렇게 인플레이션에 맞서는 노력과 활동에도 투자라는 이름을 붙일 수 있을 것입니다.

그러나 다른 쉬운 투자를 찾기도 어렵습니다

인플레이션으로부터 우리의 돈을 지킬 수 있다고 알려진 방법들은 다음과 같습니다.

첫째, 은행 예금으로 이자를 받는다.
둘째, 주식 투자로 수익을 만든다.
셋째, 채권 투자로 이자를 받는다.
넷째, 사업 운영으로 수익을 만든다.
다섯째, 부동산 투자로 시세차익을 얻거나 임대료를 받는다.

은행 예금

은행 금리가 높을 때는 예금으로 이자를 얻는 것도 돈을 지키는 좋은 방법입니다. 가장 쉽고 안정적인 방법이지만, 그만큼 기대수익률은 낮습니다. 팬데믹 이후 금리가 한창 높았던 시기에는 5%를 상회하기도 했지만, 2025년 1월 현재, 해당 수준의 금리를 찾기는 어려운 것이 사실입니다. 게다가 그 낮은 수익률로 발생한 이자 수익의 총액에, 다시 15.4%(이자 세율 14%+지방세 1.4%)의 세금이 부과됩니다. 인플레이션을 기준으로 생각해본다면 현상을 유지하는 수준의 가장 단순한 투자 방식으로 볼 수 있습니다.

주식 투자

주식 투자에서는 그 기대수익률을 단정 지어 이야기하기는 어렵습니다. 투자자에 따라서, 그리고 투자 시기에 따라서 수익의 편차가 크게 차이 나기 때문입니다. 서두에서 말씀드린 것처럼, 저 역시 주식 투자에 몰두한 적이 있었습니다. 그러나 짧지 않았던 그 시간 동안 결국 배운 것은, 주식 투자로 수익을 꾸준히 만들어가는 것은 정말 어렵다는 것이었습니다. 그럼에도 근래에는 많은 투자자들이 S&P 500(Standard & Poor's가 관리하는 미국 시가총액 상위 500개

S&P 500 인덱스

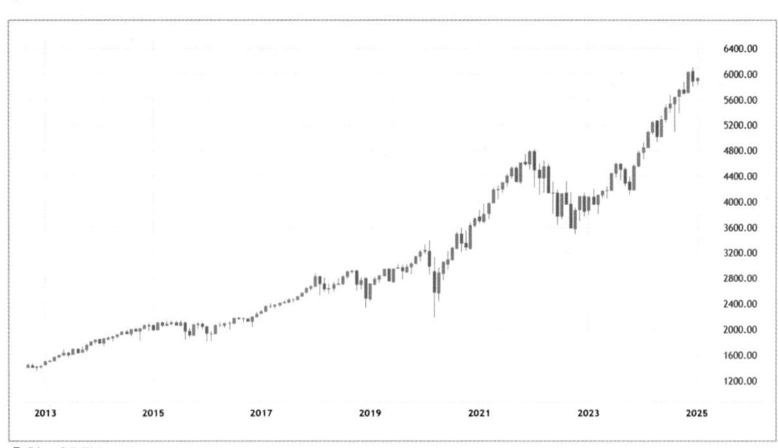

출처 : CBFX

기업의 주가 인덱스) 등 미국 주식 시장의 인덱스 지수에 투자하고 있으며, 좋은 결과를 만들기도 합니다. 그렇기에 해당 방향으로의 관심도 의미는 있다고 생각합니다.

채권 투자

채권 투자는 채권을 구매해 채권 발행자로부터 정기적으로 이자를 받고 만기 시 원금을 받는 투자입니다. 국가가 발행하는 채권을 국채, 기업이 발행하는 채권을 회사채라고 부릅니다. 일반적으로 은행 예금보다는 다소 높은 수준의 이자 수익률을 기대하게 되지만, 결국 그에 상응하는 리스크를 가지는 투자 방식입니다. 안정성과 수익률은 반대의 방향으로 움직일 수밖에 없음을 인지한 상태에서 투자 성향에 따라 적당한 상품을 선택할 수도 있을 것입니다. 그러나 장기채 투자의 경우, 시장 이자율의 변동에 영향을 받게 된 채권의 가치가 그 상태에서 매우 오랫동안 지속될 수 있으므로 특히 조심해야 할 필요가 있습니다.

사업 운영

사업 운영에서의 수익률도 쉽게 이야기하기는 어렵습니다. 사업 그 자체에 성공과 실패의 가능성이 함께 존재하지만, 성공 상황에서의 수익률 편차 역시 크기 때문입니다. 그럼에도 사업에서의 수익률을 간접적으로 살펴볼 수 있는 방법이 있습니다. 바로 한국의 주식 시장이 제공하는 기업 데이터를 참고하는 것입니다.

2025년 1월 기준, 코스피에는 약 960개의 종목이 등록되어 있고, 코스닥에는 약 1,780개의 종목이 등록되어 있습니다. 그리고 이들의 2024년 월평균 PER(주가 이익 비율) 값은 각각 약 17.4, 95.5입니다. PER 값이란, '회사가 현재의 수익을 몇 년 동안 누적하면 현재의 회사가격에 이르는지를 의미하는 지표'라고 이해하면 쉽습니다. 그래서 이를 연간 수익률로 변환해보면, 코스피는 5.7%, 코스닥은 1.0% 수준이 됩니다. 이 수치들은 우리나라에서 사업을 영위하는 상위 기업들의 평균 수익률을 의미합니다. 하나의 사업을 시작하고 운영하는 것에 매우 큰 노력이 필요하다는 것을 생각해본다면, 우리의 예상이나 기대보다는 충분히 높은 수익률을 얻고 있다고 보기는 어려울 것 같습니다.

안정적인 투자에서 높은 수익률까지 기대한다면

부동산 투자를 제외한 일반적인 네 가지 투자 방법을 간단히 살펴보았으나, 어느 것이든 장단점을 가지고 있어 쉽고 안전하면서도 괜찮은 수익률까지 기대할 수 있는 투자 방법을 찾기는 쉽지 않아 보입니다. 특히 인플레이션으로부터 우리의 돈을 지켜야 한다는 취지를 상기해 안정성에 무게를 둔 투자를 찾는다면, 결국 은행 예금과 채권 투자 내에서 3~6% 내외의 연간 수익률을 기대할 수밖에 없을 것입니다.

저는 이 지점에서 부동산 투자, 특히 수익형 부동산 투자를 생각해보게 되었습니다. 수익형 부동산 투자는 안정성에 무게를 둔 투자이면서도, 예금과 채권에서 기대할 수 있는 최고 수준에서 1%를 더 높인 7%의 수익률을 기대할 수 있겠다고 보았기 때문입니다.

상가 투자를 시작하기로 마음을 굳혔다면

주거용 대비 장점이 많은 상업용 부동산 투자

수익형 부동산이란, 임대나 재판매 수익을 목적으로 소유되거나 운영되는 부동산을 의미합니다. 간혹 수익형 부동산 투자를 단지 임대료 수익을 얻기 위한 투자라고만 생각하는 경우가 있습니다. 그러나 정의와 같이 소위 갭투자와 같은 재판매 수익을 기대하는 투자도 수익형 부동산 투자이며, 임대료 수익과 재판매 수익을 함께 기대하는 것 또한 수익형 부동산 투자라고 할 수 있습니다. 그래서 이 책이 언급하는 수익형 부동산 투자는 그중 후자의 유형으로, 임대료 수익률과 재판매 수익률의 총합에서 7%를 목표합니다.

한편 초보 투자자의 수익형 부동산 투자를 위해서는 대상 범위를 더 좁혀볼 필요가 있습니다. 먼저 부동산은 그 용도별 유형을 기준으로, 주거용 부동산과 상업용 부동산으로 구분됩니다. 주거용 부동산은 주거 형태에 따라 다시 단독주택, 다가구주택, 아파트 등으로 나뉠 수 있고, 상업용 부동산은 투자 유형에 따라 꼬마빌딩, 오

피스텔, 구분상가 등으로 나뉠 수 있습니다. 물론 주거용 부동산인 주택과 아파트도 임대료 수익과 재판매 수익을 만들어낼 수 있습니다. 그러나 주거용 부동산을 임대료 수익과 재판매 수익 모두를 기대하는 수익형 부동산의 대상으로 삼기에는 고민이 되는 요소들이 있습니다.

주거용 부동산 투자에서의 조세 부담

먼저, 주거용 부동산을 대상으로 한 투자는 헌법에서 명시하고 있는 주거권을 저해하거나 반할 우려로 인해 다주택자에 대한 제한이 따라갈 수밖에 없는 특수성이 있습니다. 그리고 이 제한은 취득세 및 보유세, 그리고 양도세의 모든 영역에서 적용됩니다.

거주 목적의 주택을 이미 보유한 상태에서 투자를 위한 두 번째 주택을 매수하는 때에는, 취득가액 구간에 따라 취득가액의 1~3%에 해당하는 취득세가 부과됩니다(조정대상지역은 8%). 그리고 세 번째 주택을 매수하는 때의 그 취득세는 무려 8%에 이릅니다(조정대상지역은 12%). 다주택자의 조세 부담은 보유세 측면에서 종합부동산세로 가중될 수 있으며, 양도세에서도 별도 중과세율의 적용으로 가중될 수 있습니다. 물론 임대사업자등록을 통해 일부 중과가 면제되거나 경감될 수도 있겠으나, 현재는 그 실리가 충분하지는 못하다는 의견들이 적지 않으므로 고려가 필요합니다.

주거용 부동산 투자에서의 운용 부담

두 번째 요소는 운용의 어려움입니다. 민법 제623조에 따라 임대인은 임차인이 목적물을 사용 및 수익할 수 있도록 관리해야 할 의무가 있습니다. 물론 이는 주택과 상가 임대차 모두에 적용됩니다. 그런데 문제는 주택의 임대에서 보다 많은 관리 요소가 발생한다는 점입니다.

부동산은 시간이 경과함에 따라 노후되기에 주택의 임대 기간 동안 다양한 원인으로 임차인에게 연락을 받게 됩니다. 도어락이 고장 나고 인터폰이 고장 납니다. 때로는 수전이나 샤워기가 고장 나고, 빌트인 식기세척기도 고장 납니다. 전등 모듈이 고장 나서 전등 전체를 교체해야 하는 때도 있습니다. 이런 연락들에 일일이 대응해야 하는 것도 번거롭지만, 임차인의 증빙에 따라 수리 대금을 보내야만 하는 입장에서, 합리적인 견적이었는지를 알기 어려운 상황도 반갑지는 않습니다.

주택 임대에서의 욕조 노후화에 따른 수리

출처 : 저자 작성

물론 투자한 주택의 가격이 충분히 오른 때에는 너그러운 마음으로 해당 상황에 대응할 수 있겠지만, 그렇지 않은 경우라면 '내가 왜 이런 수고를 하고 있을까?'라는 생각이 절로 들기도 합니다. 게다가 주택 임대차는 보통 상가 임대차보다 임대 기간이 짧기 마련이기에, 임차인이 들고 나갈 때 수반되는 여러 번거로운 과정도 더욱 빈번히 겪기 마련입니다. 새 임차인을 찾아야 하고, 기존 임차인이 집을 깨끗하게 잘 사용했는지 체크해야 하고, 도배를 새로 해야 할지를 고민하고, 바쁜 시간을 쪼개서 이동하며 계약해야 하고, 장기수선충당금도 정산해야 하며, 부동산 중개수수료도 더욱 자주 지불하게 됩니다.

상업용 부동산 투자에서의 장점들

반면 이런 면들에서 상가 투자는 대부분 더 나은 상황을 보입니다. 먼저 거주권에 대한 침해 우려가 없기에 세 부담 측면에서의 상대적인 장점을 가지고 있습니다. 여러 개의 상가를 보유하더라도 그에 따른 특별한 중과세가 있지 않습니다. 물론 보유한 건물들의 부속 토지 공시지가 합이 80억 원을 초과하는 경우에는, 별도합산 토지분의 종합부동산세 과세 대상이 될 수 있으나 초보 투자자가 신경 쓸 부분은 아닐 것으로 생각합니다. 다만, 상가 건물의 취득세는 4%로 보통의 주택 취득세보다는 다소 높은 편입니다.

다음의 장점은 건물 자체에 큰 문제가 발생하지 않는 한, 임차인

원상복구 상태에서 임차인이 진행하는 점포 인테리어

출처 : 저자 작성

은 연락하지 않는다는 점입니다. 구분상가의 공간을 임차인이 직접 인테리어해서 사용하기에 누수와 같은 건물 자체의 이상이 있지 않은 한, 건물의 부착물에 대한 고장이나 이상으로는 연락을 받게 될 가능성이 거의 없습니다. 또한 임차인의 사업이 오랫동안 유지되어 임대료가 안정적으로 확보되는 상황이라면, 10년 이상의 긴 시간 동안 임대 부동산에 대한 관리가 특별히 필요하지 않을 수 있다는 점은 큰 매력으로 다가옵니다.

상가 투자의 시작으로 적당한 구분상가

수익형 부동산 투자의 방향을 상업용 부동산으로 결정했다면, 다시 그 안에서 대상 범위를 좁혀보고자 합니다. 우리가 규모 있는 상가 건물을 새로 올려 우량 임차인에게 통임대까지 맞출 수 있다면 너무나 좋겠지만, 이 책은 그 정도 수준의 투자자를 대상으로 하지는 않습니다.

이 책은 저축액에 퇴직금을 더한 수준의 자본을 기반으로, 매월 고정적인 임대료 수입을 얻고, 또한 인플레이션을 만회하는 수준의 시세 차익까지 얻고자 하는 초보 투자자를 대상으로 하기 때문입니다. 그리고 그런 투자자에게는 구분상가로의 투자가 가장 안전한 상업용 부동산 투자의 시작이 될 것입니다.

상가 건물의 구분상가 도면(항동지구 가온프라자)

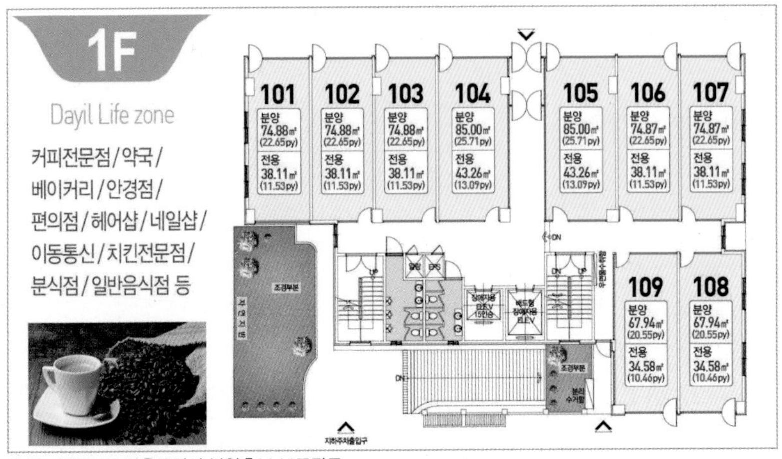

출처 : 항동지구 가온프라자 분양홍보 보도자료

입지에 따라 분류되는 구분상가의 다양한 유형

구분상가란 하나의 건물에 구획을 정해서 여러 소유주가 각 구역을 나눠 가진 형태의 상가 건물을 의미합니다. 간단한 정의지만 입지에 따라 다양한 유형으로 분류가 가능합니다. 아파트 단지 내 상

아파트 단지 내 상가

출처 : 저자 작성

가, 주거지역에 가까이 있는 소규모 근린상가, 특정한 주제로 구성된 테마상가, 단일 건물 또는 여러 건물의 형태로 다양한 점포와 시설이 모여 있는 프라자상가, 그리고 중소기업과 스타트업을 위한 복합업무시설인 지식산업센터 등이 있습니다.

그중에서도 프라자상가 내의 구분상가

그러나 수익률과 안정성 모두를 고려해 프라자상가에 한정된 투자를 제안하고자 합니다. 단지 내 상가는 업종이 제한될 수밖에 없다는 단점이 있고, 근린상가는 지역이 개발됨에 따른 공급 과잉 우려가 있을 수 있습니다. 테마상가는 그 주제가 되는 테마가 일시적 유행에 그치거나 쇠퇴하는 때에는 무너진 상권이 다시 회복되기 어려운 문제가 있으며, 지식산업센터의 경우는 역시 공급 과잉에 따른 공실 리스크가 매우 크기 때문입니다.

프라자상가의 일반적인 모습

출처 : 저자 작성

초보 투자자에게는 특히 지식산업센터, 소위 '지산'은 투자 대상으로 고려하지 않기를 희망합니다. 아니 고려해서는 안 됩니다. '지산은 원수에게 권한다'라는 말이 생기기도 할 정도이니, 그 위험성을 잊지 말아야 할 것입니다. 현재 지산 투자로 고통받고 있는 투자자들이 너무나 많습니다. 물론 그 리스크 속에서도 양호한 수익을 만들어내는 투자자도 있겠으나 그 확률이 높지 않음을 알아야 합니다. 지역과 상권에 따라 다를 수 있겠지만 이미 전반적으로 과도한 공급이 발생한 상황인 것을 인지해야 합니다.

구분상가는 수익형 부동산 투자 시장에서의 기성품

그렇다고 모든 프라자상가가 투자에 적합한 것도 아닙니다. 프라자상가 중에서도 옥석을 가리는 과정이 필요합니다. 그리고 이미 건축되어 존재하는 프라자상가를 매수한다는 것은 수익 창출에서의 한계를 가지고 있는 투자라는 부분도 이해해야 합니다.

프라자상가 건물의 일반적인 개발 사례를 생각해보면, 비어 있는 필지에 건물을 새로 세우거나, 또는 이미 존재하는 건물을 허물고 새 건물을 세운 후 그것을 구분상가로 분양하는 모습일 것입니다. 그리고 보통 이 과정에서 큰 수익이 창출됩니다. 반면 구분상가의 매수는 프라자상가 건물의 전체 개발 과정 가장 마지막에 위치해 오히려 원 개발자에게 수익을 제공하며, 해당 개발을 마무리하는 단계에 있는 것이기에 해당 개발의 참여자가 되지는 못합니다.

하지만 그와 같은 형태의 부동산 개발은 자금력과 실행력 모두를 필요로 하기에 초보 부동산 투자자가 시도하기에는 어려움이 있습니다. 그렇기에 초보 투자자는 상업용 부동산 투자 시장에서의 기성품이라 할 수 있는 수많은 구분상가에서 가장 좋은 물건을 찾아내어 투자를 시작하는 것이 현실적이고 안전한 선택이 됩니다.

투자해도 좋은 프라자상가를 알아보는 방법

프라자상가 중에서도 초보 투자자의 투자에 적합한 상가는 일부이기에 좋은 프라자상가를 찾는 방법을 알아야 합니다. 이를 위해 먼저, 상권에 대해 살펴보고 가겠습니다. '상가 투자는 상가가 아닌 상권을 사는 것'이라는 말이 있을 정도로 상권은 상가 투자에서 중요한 부분입니다.

성수동 상권

출처 : 저자 작성

상권의 사전적 의미는 특정 지역 내에서 다양한 상업 활동이 집중되어 활발하게 이루어지는 구역을 말합니다. 아무리 좋은 건물이어도 좋지 못한 상권 안에 있다면 그 건물의 효용가치와 기대수익률은 높지 못할 것입니다. 그래서 투자 대상 상가 건물을 찾을 때는 좋은 상권에 있는 건물로 범위를 좁혀야 합니다. 상권은 그 자체로 생명 주기를 가지고도 있습니다. 그래서 그 발전의 단계에 따라 형성기, 성장기, 성숙기, 쇠퇴기와 같이 구분되기도 합니다.

투자하기 좋은 상권의 유형

이 중 눈여겨봐야 할 단계는 단연 성장기와 성숙기에 있는 상권일 것입니다. 그리고 또한 중요한 것은 해당 시기가 오래 지속될 수 있는지를 살피는 것입니다. 그처럼 상권이 오래 지속되기 위해서는 두 가지 요소가 충족되어야 합니다. 첫 번째는 배후세대의 규모이고, 두 번째는 상권의 영역이 확장될 수 있는지의 여부입니다. 당연하게도 충분한 배후세대를 이미 갖추었지만, 상권의 영역은 더 이상 확장될 수 없는 곳의 상가가 투자에 적합한 곳입니다.

대개 그런 상권은 항아리 상권과 11자 상권이 결합된 모습으로 나타납니다. 항아리 상권이란, 특정 주거지역의 중심에 위치해 그 내부에 포위된 모습의 상권으로, 그 지역의 상업 활동을 독점하는 경향이 있습니다. 상권의 주변이 주거지역이므로 상권의 확장이 어려워 지역 내에서 독점적으로 오랫동안 상업 활동을 활발히 전개해나갈 수 있습니다.

항아리 상권의 모습

출처 : 네이버 지도

11자 상권의 모습

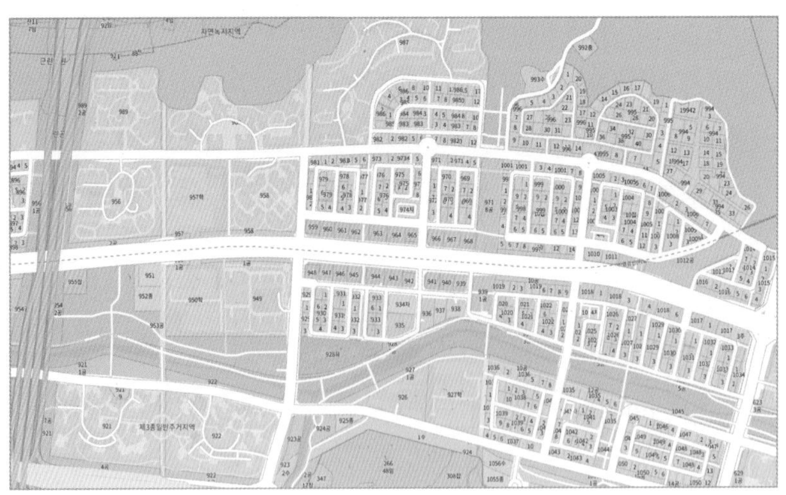

출처 : 네이버 지도

11자 상권이란 양측 대로변을 따라 직선 형태로 형성된 상권을 의미하는데, 이 공간이 항아리 상권의 특징을 함께 가지고 있다면 양측 대로를 이용하는 유동 인구까지 흡수하는 매우 좋은 상권의 형태라고 볼 수 있습니다. 그래서 이들과 같은 상권에 위치한 프라자상가 건물로 투자 대상을 좁힌다면, 안전한 수익형 부동산 투자에 한층 가까워질 수 있습니다.

초보 투자자는 피해야 하는 분양상가

분양상가에 대해서도 짚어봐야 할 것 같습니다. 분양상가란, 신축된 상가 건물을 분양으로 판매하는 상가를 말합니다. 그리고 현재에도 많은 투자자들이 분양상가를 매수하고 있습니다. 그러나 상가 투자의 경험이 없는 투자자라면 분양상가는 매수하면 안 됩니다. 분양상가 투자는 난이도가 매우 높기 때문입니다.

시행사는 상가 건물을 건축하는 부동산 개발 과정에서 분양가격을 책정합니다. 부동산의 4대 특성인 부증성, 부동성, 영속성, 개별성 중 개별성은 해당 부동산이 갖는 고유한 특성을 의미하는데, 상가 건물은 아파트와 다르게 개별성이 도드라집니다. 즉, 어느 상가 건물도 다른 곳에 동일한 존재가 없습니다. 이 특성으로 인해 부동산을 개발한 시행사도 분양가격을 적절히 책정하기가 쉽지 않습니다.

신축 상가의 분양 모습

출처 : 저자 작성

그래서 신축 상가 건물은 시행사의 수익 확보와 신축 프리미엄까지 더해져 주변 시세보다 비싼 분양가가 책정될 수밖에 없습니다. 또한 시행사는 그렇게 비싼 가격의 상가를 온전하게 분양하기 위해 분양상담사를 운용할 수밖에 없으며, 분양 계약 체결 시 그들이 취하는 수수료도 매수자에게 전가될 수밖에 없습니다.

결국 투자자는 해당 지역에서 동일한 수익 창출 능력을 가진 구축 상가 건물들보다 비싼 가격에 분양 상가를 매수하게 됩니다. 결국 높은 분양가로 인해 높은 임대료를 책정할 수밖에 없으며, 그에 따라 장기간의 공실이 발생할 가능성이 매우 큽니다. 간혹 임차가 이미 맞춰진 상가 건물이라는 안내를 받기도 합니다. 그런 경우에도 첫 계약 기간이 만료되는 때에 해당 계약이 더는 연장되지 않고 바로 종료될 수 있으니 유의해야 합니다.

오래된 건물의 상가여도 임차인이 인테리어 및 익스테리어를 새롭게 완료하면 마치 새 상가 건물처럼 보이기 마련입니다. 그래서 임차인 입장에서는 신축에서의 사업 시작이 더 큰 수익을 얻을 수 있음을 의미하지도 않습니다. 보통 신축 상가 건물은 한두 차례의 임차가 지나고 나서야 적정 임대료와 그에 따른 건물의 가격 책정이 가능하다고 합니다. 그리고 이 기간은 대략 5~10년으로 이야기됩니다. 그래서 처음부터 일정 수익을 기대하는 초보 투자자라면 신축 상가를 분양받는 것은 적절하지 않습니다. 물론 경우에 따라서는 기대 이상의 큰 수익을 올릴 수도 있는 것이 신축 상가의 수분양입니다. 그러나 그와 같은 확률적인 리스크를 감당할 수 있을지는 스스로 생각해볼 필요가 있습니다.

좋은 상권에서 적정한 연식의 프라자상가를!

정리하면, 좋은 상권이 형성된 곳에서 이미 한두 차례 임차가 들고 나간 후 시세가 자리잡힌 프라자상가를 찾아야 합니다. 그렇다고 해서 만들어진 지 너무 오래된 상가 건물을 매수하는 것 또한 추천하지 않습니다. 상가 투자는 10년 이상의 긴 호흡으로 대응해야 하기에 이미 노후화로 문제를 보이기 시작하는 건물에 진입하는 것은 장기적인 관점에서 리스크가 있을 수 있습니다. 건물이 사용 승인을 받은 때로부터 약 10년 내외가 경과된 상가 건물을 찾아보기 바랍니다.

오래전 준공된 상가 건물

출처 : 저자 작성

다양한 측면을 살펴보며 투자 대상으로 두어야 하는 상가의 범위를 좁혔습니다. 그러나 이처럼 범위를 크게 좁히고 나니, 과연 그런 조건에 정확히 들어맞는 상가 건물을 내가 매수할 수 있을지 의문이 들기도 합니다. 그래서 상가 투자는 어렵고 시간이 소요된다고 이야기합니다. 당연하게도 좋은 물건은 잘 나오지 않습니다.

그래서 실패하지 않는 투자를 위해서는 오랫동안 시장에 관심을 두고 지켜봐야 합니다. 사람들의 사정이란 의외로 다양해서, 시간을 두고 기다리다 보면 원하는 물건이 나오기 마련입니다. 좋은 건물의 소유자가 상속하게 될 수도 있고, 이민을 갈 수도 있고, 급전이 필요할 수도 있고, 대출 이자를 더는 버티지 못하는 사정에 놓일 수도 있습니다. 나의 시간을 실패의 가능성과 바꿔서 줄인다고 생각해야 합니다. 조급하지 않게 때를 기다리다가 원하는 조건의 물건이 나타나는 때에 빠르게 내 것으로 가져오면 됩니다.

상가의 층과 대출금에 따라 달라지는 수익률

수익률에 관해 이야기해보겠습니다. 물론 안정적인 상권에 위치한 구분상가 기준에서의 수익률입니다. 수익형 부동산 투자에서 기대하는 연수익률은 7%입니다. 이는 현시대의 예금 및 채권 이자 수익률보다 높고, 코스피나 코스닥에 상장된 전체 주식 종목들의 평균 수익률보다도 높음을 살펴본 바 있습니다. 그리고 이런 높은 수익률은 임대료 수익률과 재판매 수익률의 합으로 가능합니다.

인플레이션이 반영되는 재판매 수익률

먼저 재판매 수익률을 살펴볼 필요가 있습니다. 재판매 수익률이란 결국 부동산 가격 상승에서 얻을 수 있는 수익률입니다. 이는 상가 건물을 보유하는 동안 건물의 가격이 상승해야 발생 가능한 수익률이지만, 일반적인 상황이라면 인플레이션 때문에라도 건물의 가격은 장기적으로 상승하게 됩니다. 이는 상가의 가격이 시간의 흐름과 함께 발생하는 인플레이션에 묶여 있기 때문입니다.

상가 임차인이 식당을 운영하는 상황을 살펴보겠습니다. 임차인이 식당을 운영하는 중에 3%의 인플레이션이 발생합니다. 음식 재료 단가와 종업원들의 인건비도 그만큼 오르게 됩니다. 임차인은 이 상황을 반영해 음식들의 가격을 올리게 됩니다. 그리고 인상된 음식의 가격은 결국 식당의 매출 상승까지로 이어집니다. 모든 요소의 가격이 오른 상황이기에 임차인이 실질적으로 더 많은 돈을 벌게 된 상황이라고 볼 수는 없을 것입니다. 그래서 식당 운영에서의 경제적 여유로움은 달라지지 않았거나 오히려 더 박해졌을 수도 있습니다. 이런 상황에서 임차 중인 식당의 임대료 또한 오르지 않을 수 없습니다. 상가 건물의 가격은 임대료 수익률에 묶여 있기 때문에 곧이어 상가 건물의 가격도 인플레이션만큼 오르게 됩니다. 결국 3%의 인플레이션이 상가 건물의 가격에 그대로 전가되는 구조가 만들어지는 것입니다.

물론 각 단계마다 가격 상승이 반영되는 시간 차가 있기에 단기적인 괴리가 발생할 수는 있습니다. 그러나 장기적으로, 그리고 일반적으로 그 괴리는 시간이 경과되면서 메워지게 됩니다. 실제 2020년대의 인플레이션율은 약 3%에 이릅니다. 그래서 해당 상황이 이어진다면 7%의 기대수익률 내에서 인플레이션에 따른 건물 가격의 상승분만으로도 약 3%의 재판매 수익률을 확보할 수 있을 것입니다. 그리고 여기에서 임대료 수익률로 4%의 수익을 추가로 얻을 수 있다면 최소 7%의 수익률을 얻는 상황이 가능하게 됩니다.

한국의 2020년대 인플레이션율

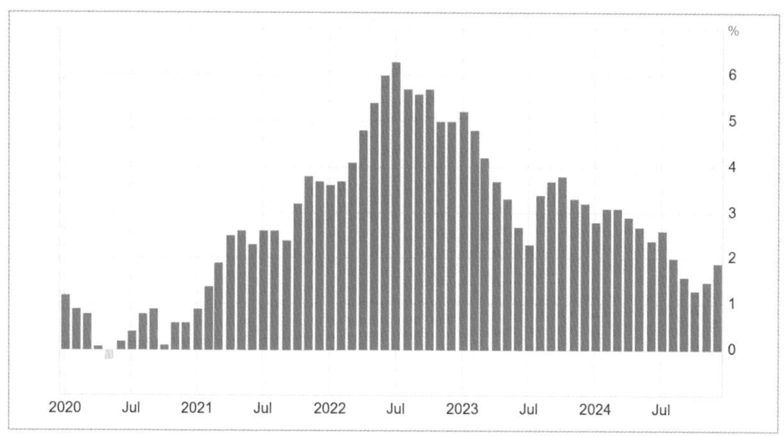

출처 : Trading Econimics

층별로 달라지는 접근성과 용도 범위

다음으로 하나의 건물 내에서도 층별로 달라지는 투자 관점에서의 차이점들을 살펴보겠습니다. 그런데 이 책은 지하층의 구분상가는 언급하지 않고자 합니다. 물론 지하층에 위치한 구분상가도 충분히 양호한 수익을 만들어내는 경우가 있습니다. 그러나 관리 및 운영 측면에서의 난이도로 인해 초보 투자자에게 적합하지 않다고 생각하기 때문입니다.

상가 건물은 층별로 용도의 범위가 달라집니다. 일반적으로 1층에 위치한 구분상가가 활용도 측면에서 가장 좋다고 알려져 있습니다. 그리고 그것은 사실입니다. 1층 상가는 방문객의 접근성이 뛰어나기도 하며, 다양한 용도로도 활용될 수 있기 때문입니다. 1층 상가에는 카페, 식당, 편의점, 약국, 화장품 매장 등 다양한 업종이 들어설 수 있습니다. 이런 1층 상가의 일반적인 분양 평수는 대개 10~15평 규모이지만, 이통사 대리점 등, 보다 큰 면적의 상가가 필요한 경우에는 여러 개의 구분상가를 함께 사용하는 형태로 계약이 진행되기도 합니다. 게다가 접근성과 용도 측면의 장점이 작용해 공실의 위험이 적다는 점이 특히 매력적입니다.

한편 1층보다 나을 수는 없지만 2층의 접근성도 충분히 양호한데, 이는 엘리베이터와 계단을 통한 접근이 모두 가능하기 때문입니다. 게다가 1층보다 낮은 평당 임대료로 인해 보다 넓은 면적을 필요로 하는 임차 수요가 있습니다. 이런 특성에 따라 1층 및 2층을 모두를 고려하거나 2층을 보다 선호하는 투자자들도 어렵지 않게 찾아볼 수 있습니다. 임차인 입장에서도 2층 상가의 장점이 적지 않습니다. 간판의 가시성도 좋고 상가의 전면 인도 영역을 관리

2층에 입점한 식당들

출처 : 저자 작성

하는 수고도 들지 않습니다. 2층에도 미용실, 뷰티, 필라테스, 교습소 등 다양한 업종의 영업이 가능하며, 근래에는 카페와 식당의 입점도 흔한 일이 되었습니다.

3층부터는 접근성이 떨어지기 시작합니다. 하지만 상가 건물의 전면이 트여 있다면 3층까지는 간판의 가시성이 충분할 수 있어 좋은 상권에 위치해 있는 상가라면 투자를 고려해볼 수 있습니다. 다만 충분한 협의로 매력적인 가격이 된 상태에서 접근하는 것이 좋습니다. 3층은 엘리베이터 이용이 필수적이기에 그 낮아진 접근성만큼 평당 임대료 또한 낮아지게 됩니다. 그래서 주로 학원이나 스터디 카페 등 더 넓은 면적을 필요로 하는 업종에 유리합니다. 이처럼 상가 건물에서는 층이 높아질수록 업종의 범위가 좁아지며, 이는 불경기에서의 공실 가능성을 높이게 됩니다. 그래서 초보 투자자라면 4층 이상의 구분상가는 투자 대상으로 고려하지 않는 것이 좋습니다.

층별로 달라지는 임대료 수익률

당연하게도 이러한 층별 특성으로 각 층마다의 기대수익률도 달라집니다. 지역과 상권 등 다양한 환경적 요인에 영향을 받기에 절대적 기준을 이야기하는 것은 어렵지만 그래도 참고가 될 만한 수치로 표현해본다면, 양호한 지역을 기준으로 1층은 3%, 2층은 4%, 3층은 5%의 수익률을 기대할 수 있습니다.

물론 상급지의 수익률은 이보다도 더 낮아져 각각 2%, 3%, 4%를 고려해야 할 때도 있고, 더 나아가 1%, 2%, 3%에 이르는 경우도 있습니다. 그런 최상급지에서의 투자는 임대료 수익률보다는 재판매 수익률을 목적하기에 그처럼 낮은 임대료 수익률도 시장에서 받아들여지는 것입니다. 그러나 일반적인 상황에서는 4% 내외의 임대료 수익률을 기대하는 것이 현실적으로, 해당 수준의 임대료 수익률이 확보될 수 있다면 향후 건물가격의 상승에 따른 수익률을 더해 7% 수준의 총수익률을 달성할 수 있을 것입니다.

대출금에 따라 달라지는 임대료 수익률

임대료 수익률에 또한 영향을 주는 것은 상가 건물 매수 시 받는 대출금입니다. 대출과 함께 상가 건물을 매수한다는 것은 투자에 레버리지를 일으키는 것을 의미하기 때문입니다. 일반적으로 상가 건물의 담보대출에는 주택 담보대출에서와 다르게 금융감독원 또는 금융위원회로부터의 LTV 제한 정책이 있지는 않습니다. 물론 국가 기관으로부터의 LTV 제한 정책이 없더라도 은행마다의 자체적인 LTV 제한 정책은 있습니다. 그래서 은행마다 담보물에 대한 평가에 편차가 있겠지만, 고금리 시기에서는 매수가격의 50% 이내에서 대출이 가능한 것으로 생각하는 것이 안전합니다.

LTV(Loan to Value Ratio, 담보인정비율)

LTV = (대출가능금액/담보가치)×100

대출금에 따라 달라지는 임대료 수익률의 변화를 세 가지의 케이스로 살펴보겠습니다. 첫 케이스는 상가 건물을 5억 원에 대출 없이 매수하고, 임대 보증금 3,000만 원에 월 임대료 170만 원으로 임대한 경우로, 이때의 수익률은 4.34%입니다.

무대출 수익률

수익률 = (월 임대료×12개월)/(매수가격-임대 보증금)
= (170×12)/(50,000-3,000) = 4.34%

그러나 상가 건물 매수 시 해당 물건을 담보로 대출을 받는다면 임대료 수익률에 변화가 생깁니다. 대출 원금이 2억 원이고 대출 이자율이 3%였다면, 이때 발생하는 연간 이자는 600만 원이고 월간 이자는 50만 원일 것입니다.

저금리 상황에서 대출받은 때의 수익률

수익률
= ((월 임대료-대출 이자)×12개월)/(매수가격-대출금-임대 보증금)
= ((170-50)×12)/(50,000-20,000-3,000)
= 5.33%

무대출 상황보다 수익률이 높아졌습니다. 그래서 무대출 상황에서의 임대료 수익률보다 현시점의 대출 이자율이 낮다면, 건물 매수 시 가능한 많은 대출을 받는 것이 더 나은 수익률을 만듭니다. 그래서 실제 많은 투자자들이 상가 매수 시 대출을 받고 있습니다.

이번에는 반대로 고금리 상황을 살펴보겠습니다. 대출 원금은 동일하게 2억 원이지만 대출 이자율이 6%였다면, 이때의 연간 이자는 1,200만 원이며 월간 이자는 100만 원이 됩니다.

고금리 상황에서 대출받은 때의 수익률

수익률

= ((월 임대료-대출 이자)×12개월)/(매수가격-대출금-임대 보증금)

= ((170-100)×12)/(50,000-20,000-3,000)

= 3.11%

무대출 상황보다 오히려 수익률이 낮아졌습니다. 그래서 현시점의 임대료 수익률보다 대출 이자율이 높다면 대출은 가능한 한 적게 받는 것이 수익률을 높이는 방법이 됩니다.

살펴본 바와 같이 금리가 낮은 안정적인 시기에는 대출을 잘 활용하면 그 레버리지를 통해 더 적은 자본으로도 양호한 임대료 수익률을 만들어낼 수 있습니다. 반대로 대출 금리가 다소 높거나 심지어 임대료 수익률보다도 높은 경우에는 전체 수익률을 낮추는 상황에 이르기도 합니다. 그러나 시장의 상황은 시시각각 변하고 그

에 따라 대출 금리도 변동하기에, 한 시점의 단편적인 모습으로 상황을 판단하기보다는 장기적인 변화를 예측하고, 그 안에서의 예상 수익률을 계산해보는 것이 중요할 것입니다.

임대료 수익률에서의 함정

그러나 이와 같은 임대료 수익률에는 함정이 있습니다. 7%의 수익률을 줄곧 이야기해왔지만, 현실에서는 그런 계산상의 수익률이 그대로 발생하지는 않으며, 이는 실제 수익이 세금과 경비의 영향을 받기 때문입니다.

당장 상가 건물을 매수하는 때에 취득세 4.4%(국세 4%+지방세 0.4%)를 납부하면서 일 년 치의 수익을 제하고 시작하는 상황이 발생합니다. 또한 매수 시 취득세에 더해 등록세와 중개수수료가 발생하며, 보유 중에도 재산세와 종합소득세가 발생하고, 그 외 건강보험료에 더해 상황에 따라 납부 의무가 발생하는 국민연금 등을 생각해보면 실질 수익률은 기대에 다소 미치지 못할 가능성이 큽니다. 그래서 한 달 생활비로 500만 원이 필요한 투자자가 500만 원의 임대료를 통해 생활비를 충당하려고 계획했다면, 결국엔 생활비가 부족하게 될 것입니다. 그래서 계약서상 임대료가 온전히 수익으로 전환되는 것은 아니라는 것을 염두에 둘 필요가 있습니다.

세금과 경비에 따라 7%의 수익률을 온전히 확보할 수 없다는 점이 실망스러울 수 있습니다. 그러나 소득이 있는 곳에 세금이 발생한다는 원칙을 생각해봐야 할 것입니다. 예금 이자에도 세금이 징수되고, 주식에도 거래세와 금융투자소득세(금투세)가 따라오기 마련이며, 일반 사업에도 세금과 경비는 요구됩니다. 상가 투자에서 이를 만회하기 위해서는, 더 좋은 상권의 상가를 매수해 인플레이션을 뛰어넘는 높은 재판매 수익률을 확보하고, 입지 및 건물의 층을 달리해서 임대료 수익률을 높일 수 있을 것입니다. 또한 상황에 따라 대출로 레버리지를 발생시키는 것도 좋은 무기가 됩니다.

투자를 위해 최소한 이것은 알아야 합니다

모든 상가 투자서가 강조하는 주동선

투자해도 좋은 상가를 찾는 방법을 자세히 살펴보려고 합니다. 가장 먼저 살펴볼 개념은 상가 매매를 다루는 대다수의 책들이 강조하는 '주동선'입니다. 이 주동선이라는 단어는 국어사전에서 찾을 수 있는 단어는 아닙니다. 다만 단어에서 유추할 수 있듯이, '사람들이 상가 입지 내에서 주로 움직이는 동선'을 의미한다고 생각하면 됩니다.

상가 건물이 주동선 앞에 놓여 있다면 상가 건물 앞을 지나는 사람들이 많다는 의미이고, 그에 따라 상가 내 상점의 노출 기회 또한 많을 것이며, 그만큼 고객의 접근 및 유입이 자연스러워 상점의 매출 상승으로 이어질 가능성이 큽니다. 그래서 주동선에 인접한 상가를 매수할 수 있도록 노력해야 합니다.

분당구 서현역에서 연결되는 주동선

출처 : 저자 작성

이미 만들어진 동선에 투자해야

얼마 전, 인터넷에서 이런 글을 읽었습니다. 기업에서 은퇴한 중년의 퇴직자가 신규 상업지구에서 분양받은 상가에 들러 임대 현수막을 걸고 있는데, 인근에서 그 모습을 빤히 지켜보던 사람이 말을 걸었다고 합니다. "이보시오. 혹시 이 상가를 분양받았소? 쯧쯧. 거기 앉아서 이 앞을 지나가는 사람이 몇이나 되는지 살펴보시오." 그래서 그 퇴직자는 골목 한쪽에 의자를 두고 하루를 지켜봤는데, 그동안 고작 4~5명 만을 볼 수 있었다는 안타까운 내용이었습니다.

물론 앞으로 수년의 시간을 거치며 그 상업지구의 유동 인구와 동선이 어떻게 변할지는 모를 일입니다. 기대대로 상권이 성장해서 유동 인구가 크게 늘어날 수도 있고, 또는 그렇지 않을 수도 있을 것입니다. 하지만 그처럼 앞일은 알 수 없기에 그런 곳에 투자를 시작해서는 안 됩니다. 오랜 시간 힘들게 모아온 자본을 확률에 맡겨서는 안 될 일입니다. 그런 소중한 돈은 현시점 우리의 눈으로 직접 확인할 수 있는 확실한 상권과 동선에 투자되어야 합니다.

유동 인구가 많아도 흐르는 입지라면 조심

상가 투자를 안내하는 많은 책에서는 상가 건물 인근에 주변 아파트 단지들의 정문 또는 후문이 위치해 있는지, 그리고 지하철역 및 버스정류장이 가깝게 있는지의 확인을 강조하고 있습니다. 아무래도 그런 곳들은 사람들이 많이 지나다닐 수밖에 없는 곳이기 때문입니다. 더욱이 지하철역 및 버스정류장의 경우에는 이들이 출

대로를 두고 달라지는 출근길과 퇴근길 인접 상가

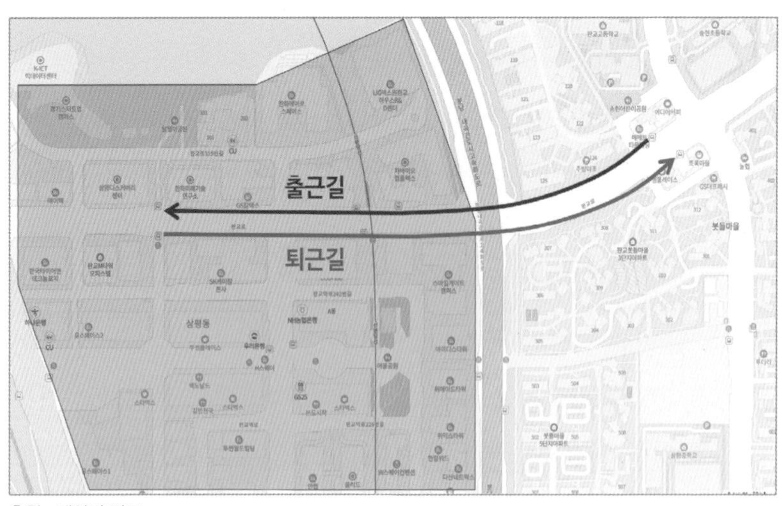

출처 : 네이버 지도

근과 등교에 주로 사용되는지 또는 퇴근과 하교에 주로 사용되는지까지 살피도록 하고 있습니다. 아무래도 바쁘게 이동해야 하는 출근 및 등굣길보다는, 상가를 이용할 수 있을 정도의 여유를 가질 수 있는 퇴근 및 하굣길에 사용되는 역과 정류장이 더 좋다는 의미입니다.

그러나 상가 건물의 주변으로 많은 사람이 다닌다고 해서 그들이 모두 고객으로 연결되는 것은 아닙니다. 많은 이들이 지나다니는 곳이라 하더라도 주변 상가로의 유입은 좀처럼 발생하지 않는 곳들이 있기 때문입니다. 앞서 언급되었듯 출근 및 등교와 같은 이유로 상가를 이용할 겨를 없이 바쁘게 이동하는 길목에 위치한 상가들이 그 예가 될 수 있고, 또한 상가를 이용하기에는 부담이 될 정도로 상가 앞 인도가 협소한 경우 등도 그 원인이 될 수 있습니다. 그리고 그런 곳들을 '흐르는 입지'라고 부릅니다.

주동선을 찾아내고 확인하는 방법

그래서 상가 투자자는 유동 인구의 화려함 뒤에 숨어 있는 흐르는 입지에 조심하며, 주동선 또는 최소한 그에 버금가는 보조동선에 있는 상권의 상가를 찾아내야 합니다. 어떻게 주동선을 찾거나 알아볼 수 있을지 막막하지만, 다행히 그것을 확인할 수 있는 방법이 몇 가지 있습니다.

상가 투자의 경험이 많은 투자자들은 지역을 직접 방문하지 않고도 네이버지도 및 카카오맵에서 상가 건물 및 인근 주거지역, 버스 정류장, 지하철역의 위치를 개략적으로 살펴본 후 파악을 하기도 합니다. 또한 온라인에서도 상권 및 유동 인구 정보를 제공하는 서비스들이 있습니다. 예로, 소상공인시장진흥공단은 중소벤처기업부와 함께 상권정보 서비스(https://sg.sbiz.or.kr)를 제공해, 누구나 특정 지역의 상권정보 및 유동 인구를 상세히 확인할 수 있도록 돕고 있습니다. 초보 투자자도 이와 같은 서비스들의 도움을 통해 많은 시간과 노력을 들이지 않고서도 주동선을 추정해볼 수 있을 것입니다.

소상공인시장진흥공단의 상권정보 서비스

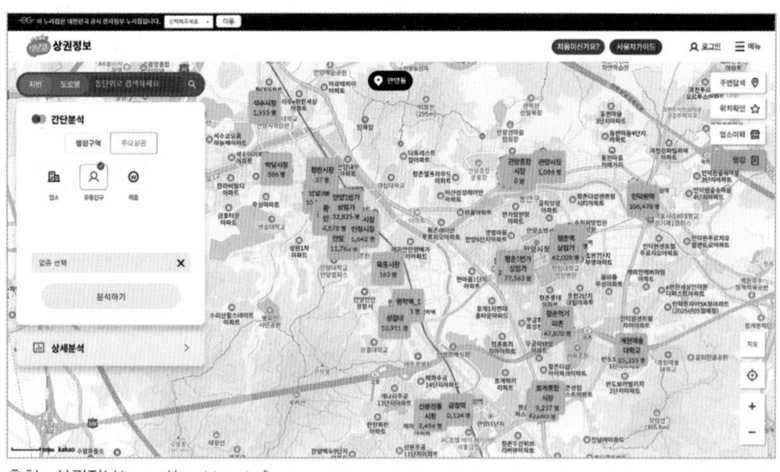

출처 : 상권정보(https://sg.sbiz.or.kr/)

그러나 대상 물건이 주동선에 있는지를 확인하기 위한 가장 확실한 방법은 직접 방문해서 눈으로 살펴보는 것입니다. 물론 주중과 주말 또는 오전과 오후의 유동 인구 상황이 다를 수 있습니다. 그래서 투자를 염두에 두는 곳이라면, 몇 차례의 방문은 각오하는 것이 좋습니다. 투자 대상 지역에 처음 방문했을 때는 상가 주변을 오가는 사람들이 많아 보였지만, 그것이 출퇴근 시간처럼 마침 사람들이 많았던 때였을 수 있습니다. 당연하게도 온종일 고르게 유동 인구가 많은 곳이 더욱 좋은 상권입니다.

이처럼 여러 차례에 걸쳐 많은 시간 주의 깊게 살펴보기 위해서는 투자 대상 상권이 내가 거주하는 곳에서 너무 먼 곳에 있지 않아야 할 것입니다. 상가 투자는 내가 잘 알고 있는, 나와 너무 멀지 않은 곳에서부터 시작해야 합니다. 내가 오랫동안 살아온 곳, 또는 그 인근 지역이라면 굳이 여러 번 찾아가지 않더라도 대상 상가가 지역의 주동선에 있는지, 그리고 흐르는 입지가 아닌지 정도는 쉽게 알아낼 수 있을 것입니다.

주동선도 변할 수 있음을 고려해야

그렇게 힘들게 파악한 주동선도 시간과 함께 변할 수 있음을 고려해야 합니다. 여전히 지역의 주동선으로 작용하지만, 유동 인구의 규모가 줄어들 수도 있습니다. 실제 코로나 팬데믹 이후로 전국 많은 지역 주동선들의 힘이 크게 약해진 상황입니다. 그래서 어렵

상권 내 유동 인구의 감소

출처 : 저자 작성

게 찾아낸 주동선이 현재에도 충분한 유인력이 있는지, 앞으로도 그 유인력을 유지할 수 있는 곳인지를 잘 살펴봐야 합니다.

코로나 팬데믹은 세상을 더욱 빠르게 새로운 모습으로 변화시켰습니다. 이전과 다르게 사람들의 단체 활동 문화는 많이 축소되고 사라졌습니다. 회사의 회식 문화도 많이 줄어들었습니다. 게다가 그런 조직 문화뿐만 아닌 개인 생활 모습에도 큰 변화가 찾아왔습니다. 이제 사람들은 손안의 스마트폰 하나만으로도 집 안에서 너무나 편하고 즐겁게 여가 시간을 보낼 수 있게 되었습니다. SNS와 유튜브, 그리고 다양한 OTT에 더 많은 시간을 할애하며 사람 만나는 재미를 찾아 밖으로 나가는 시간이 줄어든 것입니다. 이런 변화에 따라 상권의 유동 인구가 크게 줄어들고 있는 시기이기에, 투자 대상 상가의 주동선을 더욱 깐깐히 볼 수밖에 없습니다.

주동선보다 더 중요한 배후세대

그러나 투자 판단을 할 때 주동선보다 더 중요하게 고려되어야 하는 것은 배수세대, 더 정확한 표현으로는 배후세대가 만들어내는 유효수요의 규모입니다. 주동선은 시기와 상황에 따라 달라지고 약해질 수 있지만, 배후세대는 그와 같은 변화에 더욱 견고하기 때문입니다.

광범위한 배후지를 요구하는 테마 쇼핑몰 상가는 위험

'배후세대'의 사전적인 의미는 '상업 지역이 끌어들이는 고객의 지역적 범위'로, 고도로 발달한 상업지는 교통수단까지 활용하게 해서 광범위한 배후지의 인구를 끌어들이기도 합니다. 그러나 초보 투자자 단계에서는 이처럼 교통수단까지 요구하는 광범위한 배후지는 살펴보지 않기를 바랍니다. 이런 큰 규모의 배후지가 요구되는 상권이라면 대규모로 조성되는 테마 쇼핑몰 상권을 떠올릴 수 있을 것입니다. 그러나 그들은 인근에 더 크거나 더 최신의 테마 쇼핑몰

이 조성되는 때에 그 영향을 직접적으로 받으며, 그들 간에 주도권을 빼앗기면 그것을 다시 찾아오는 것은 매우 힘들기 때문입니다.

그래서 교통수단을 필수조건으로 광범위한 배후지를 만드는 상권은 투자 대상에서 배제합니다. 초보 투자자는 사람의 발로 직접 이동할 수 있는 범위 또는 시내 버스로 가볍게 오갈 수 있는 범위까지를 배후지로 가진 상가 건물을 대상으로 삼아야 합니다.

투자하기에 적합한 배후지

그렇다면 어떤 배후지가 좋은 배후지일까요? 간단합니다. 상가 건물 주변에 인구가 많은 곳이 좋은 배후지입니다. 인구 밀도를 기준으로 보면 단독 주택 단지보다는 빌라들이 모여 있는 지역이, 그리고 그보다는 대규모로 아파트 및 오피스텔이 모여 있는 단지가 투자에 더 유리한 배후지입니다.

대규모 아파트 및 오피스텔 단지

출처 : 네이버 지도

더 나아가, 오피스텔 단지보다는 아파트 단지가 선호됩니다. 물론 상가 투자를 공부하다 보면, 세대당 기대 매출에서는 아파트보다 오피스텔이 유리하다는 이야기도 흔히 접할 수 있습니다. 통상 아파트 거주자들은 자신의 주거지역에서 소비 활동을 하기보다는 인근 대형점포에서 주로 소비하고, 오피스텔 거주자들은 해당 주거지역 내에서 주로 소비한다는 경향에 기초한 주장입니다. 그래서 이를 편의점을 기준으로 수치화해서, 아파트는 세대당 2,000원의 일 매출이 기대되고, 오피스텔은 세대당 4,000원의 일간 매출이 기대된다는 식의 계산을 하기도 합니다. 그렇다면 600세대의 오피스텔 단지를 하나의 편의점이 독점한다면, 일 매출 240만 원을 기대할 수 있겠습니다.

단편적으로 수긍이 가기도 하는 공식입니다. 그러나 이는 하나의 개별 상가를 기준한 계산이기에 현실과는 맞지 않을 가능성이 큽니다. 오피스텔 단지의 지역이라면 이미 그 단지는 상업지역에 있다는 의미이고, 상업지역이라면 주거지역보다 상가들의 수가 많을 것이어서 그만큼 상점 간 경쟁은 치열해질 수밖에 없을 것입니다. 그러나 상가의 공급이 많은 지역으로의 투자는 매우 조심해야 합니다. 과공급은 결국 공실과 임대료 하락으로 연결되기 때문입니다. 결국 아파트 단지로 둘러싸인 지역의 상가 건물이 안전한 투자에 더욱 적합한 곳이며, 그런 지역 내에 위치한 프라자상가를 찾아야 합니다.

지역의 상가 공급 현황에 대한 궁금증

그런 지역을 찾으려고 노력을 기울이던 때에 한 가지 의문이 생겼습니다. 그것은 '특정 지역에서의 상가 공급 상태가 적정한 수준인지의 여부를 수치적으로 확인할 수 있을지'에 대한 의문이었습니다. 그리고 지역 내 배후세대의 규모를 지역 내 공급된 상가 건물들의 면적과 비교하면 그 현황을 의미하는 계산식을 만들 수 있을 것 같았습니다.

물론 구분상가는 면적이 동일해도 용도에 따라 요구되는 유효수요의 규모는 다를 수 있습니다. 예를 들어, 1만 명이 거주하는 배후지가 있다면, 편의점은 여러 개가 있어야 하겠지만 철물점은 한 개 정도만 있어도 괜찮을 것입니다. 이는 철물점이 요구하는 유효수요가 편의점보다 더 많다는 것을 의미합니다. 그래서 상가들의 면적에 기반한 계산식으로 현황을 정확히 측정하는 것은 가능하지 않을 것입니다. 다만 다음과 같은 질문에 수치만으로 간단히 답할 수 있다면, 상가 공급 현황의 추정에 참고가 될 것입니다.

"1만 세대의 아파트 단지를 배후세대로 가진 항아리 상권이 있고, 그 상권 내에 연면적(건물의 각 층별 바닥 면적을 모두 합한 총면적, 지하층의 면적을 포함) 1,500㎡의 프라자상가 건물이 총 6개가 있다면 상가 투자에 적합한 지역인가?"

지역의 상가 공급 현황을 표시하는 상권공급지수

이와 같은 필요에 따라 배후세대의 예상 인구 규모와 상권 내 상가들의 전체 면적 간 관계를 간단한 지수로 표현하는 상권공급지수를 다음과 같이 정의했습니다.

상권공급지수(CSI, Commercial Supply Index)

배후세대 예상 인구 = 배후세대 수 × 단지 유형별 가중치

$$\text{상권공급지수} = \frac{\text{상권 내 상가들의 전체 면적}(m^2)}{\text{배후세대 예상 인구}}$$

※ 단지 유형별 가중치(세대당 거주자 수)

- 아파트 3
- 오피스텔 1.3

이를 기반으로 어떤 항아리 상권 내 프라자상가 건물들의 전체 면적의 합이 17,560㎡고, 항아리 상권을 둘러싼 전체 아파트 단지들의 총세대수가 5,558세대인 경우를 계산해보면, 배후세대 예상 인구는 16,674명으로 상권공급지수는 약 1.05가 됩니다.

상권공급지수 =17,560/(5,558×3)

=17,560/16,674

=1.0531

이처럼 계산되는 지수를 주요 지역 상권들에 적용하며 점검한 결과, 지수가 1에 근접하는 경우 상권 공급이 균형된 상태라고 판단할 수 있었습니다. 한편 1을 크게 초과하는 경우 상가의 공급 과잉으로 해석할 수 있고, 1에 크게 미만한 경우는 상가의 공급 부족으로 해석할 수 있습니다. 정리하면, 확인되는 지수가 작을수록 투자에 적합한 상권이라 할 수 있습니다. 반대로 지수가 1을 초과하는 경우는 투자에 유의가 필요하겠으나, 상권마다의 개별성과 지수 계산에서의 오차를 감안한다면 1.2 이내 수준의 지수라면 투자를 고려하는 것에도 무리가 없을 것입니다.

상권공급지수 계산을 위한 기초 정보의 확인

물론 상권공급지수를 확인하기 위해서는 배후세대의 수를 알 수 있어야 하고, 또한 상권 내 상가들의 전체 면적도 알아야 합니다. 다행히 이 두 가지 정보는 네이버지도 및 카카오맵에서도 쉽게 확인할 수 있습니다.

먼저 배후세대의 수를 네이버지도를 통해 알아보겠습니다. 네이버지도에서 살피고자 하는 아파트 단지로 이동한 후 지도를 확대합니다. 일정 수준 이상으로 확대하면 해당 단지의 세대수가 표시됩니다. 대상 상가를 중심으로 위치한 단지들의 세대수를 모두 확인해서 더하면 배후세대의 수를 알 수 있습니다.

네이버지도에서 확인되는 아파트 단지 세대 수

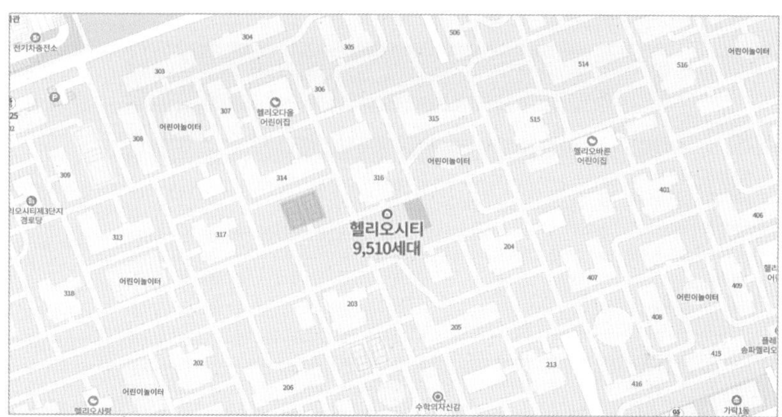

출처 : 네이버 지도

상권 내 상가들의 전체 면적을 확인하는 가장 확실한 방법은 건축물대장을 확인하는 것입니다. [국토교통부 부동산거래 전자계약시스템] > [조회·열람] > [건축물대장 조회] 메뉴에 접근한 후, 지번 주소 또는 도로명주소와 구분상가의 호수를 입력해서 특정 건물의 구분상가 면적을 확인할 수 있습니다. 또한 해당 메뉴에서는 건축물대장 조회 화면으로 이동하기도 전에, 건축물대장 물건의 검색 결과 목록에서 연면적을 미리 표시하기도 합니다. 다만 여기에서 표시되는 연면적은 지하층의 면적을 포함하기에, 그것을 상권 공급지수 계산에 바로 사용할 때는 오차가 발생할 수 있음에 유의해야 합니다. 물론 건축물대장 조회 결과 상세에서는 각 층별 용도를 확인하며 전체 면적을 구할 수 있습니다.

건축물대장 조회에서 확인되는 연면적

출처 : 국토교통부 부동산거래 전자계약시스템

또 다른 확실한 방법은, 해당 건물 내 특정 구분상가의 등기를 열람하는 것입니다. 특정 구분상가의 등기 표제부에는 해당 건물 전체의 층별 면적이 표시됩니다. 지하층을 제외한 상가로 활용되는 층들의 면적을 합해 건물 내 구분상가들의 전체 면적을 추정할 수 있습니다. 엘리베이터와 복도 등 공용으로 활용되는 면적을 적당히 배제하면, 더욱 실제에 가까운 면적을 확인할 수 있습니다.

등기사항전부증명서 1동의 건물의 표시 표제부

등기사항전부증명서(현재 유효사항)
- 집합건물 -

고유번호 1146-2010-002474

[집합건물] 서울특별시 강남구 삼성동 121-38 삼성동신도브래뉴 제2층 제204호

【 표 제 부 】 (1동의 건물의 표시)

표시번호	접 수	소재지번,건물명칭 및 번호	건 물 내 역	등기원인 및 기타사항
3		서울특별시 강남구 삼성동 121-38 삼성동신도브래뉴 [도로명주소] 서울특별시 강남구 삼성로103길 12	철근콘크리트조 (철근)콘크리트평스라브 8층 공동주택(아파트), 판매시설 지1층 1209.274㎡ 1층 872.422㎡ 2층 914.798㎡ 3층 914.798㎡ 4층 682.211㎡ 5층 682.211㎡ 6층 678.108㎡ 7층 377.334㎡ 8층 370.464㎡	도로명주소 2012년10월11일 등기

출처 : 등기부등본

네이버지도의 면적 확인 기능

출처 : 네이버 지도

마지막으로 네이버지도의 [면적] 기능과 카카오맵의 [면적재기] 기능을 활용하는 방법이 있습니다. 지도에서 면적을 확인하고자 하는 건물을 찾아, 해당 기능을 통해 상가로 쓰이는 면적을 확인한 후 상가로 활용되는 층수를 곱하면 됩니다. 물론 이때에도 엘리베이터와 복도 등 공용으로 활용되는 면적은 적당히 배제하는 것이 좋습니다. 건물 내부를 방문해본 경우에는 더욱 적절히 배제할 수 있을 것입니다.

그러나 당연하게도 이런 정량적 검토만으로 투자를 판단하는 것은 적절하지 않습니다. 수치로 확인된 현황을 참고해 대상 물건지를 비롯한 주변 환경을 실제 임장을 통해 종합적으로 판단해야 합니다. 상가 주변에 충분한 사람들이 오가고 있는지, 지역의 분위기는 어떤지, 그리고 인근 상가 건물들의 공실 상태는 어떠한지 등을 실제로 방문해 자세히 살펴봐야 합니다. 그와 같은 상세한 점검에서도 공실을 찾기 어렵고 상권의 활기찬 기운을 느낄 수 있었다면, 찾고 있던 물건에 한층 가까워지고 있음을 의미합니다.

공실 상가의 매수도 하나의 전략

안정적인 상권에서 주동선 내에 위치하고 있으며, 충분한 배후세대까지 확보한 상가라면 투자를 적극적으로 검토해볼 가치가 있습니다. 다만 추가로 고려가 필요한 요소로 투자 금액, 즉 매수가격이 있습니다. 아무리 좋은 물건도 비싸게 산다면 좋은 물건이라 할 수 없고, 반대로 다소 부족함이 있는 물건이라도 그것을 고려하고도 남을 정도로 저렴하게 살 수 있다면 좋은 물건이 될 수 있기 때문입니다.

그래서 적정 가격보다 낮은 가격으로 매수가 가능한 급매는 특히 관심 있게 살펴봐야 합니다. 게다가 급매의 원인이 물건 자체에 있는 것이 아닌 소유자의 사정에 있었다면, 더욱 적극적으로 해당 물건을 살펴봐야 할 것입니다. 이런 관점의 연장선으로 공실상가를 매수하는 것도 하나의 전략일 수 있습니다.

접근해도 괜찮은 공실상가

여기에서 언급하는 공실상가는 건물 내 대부분의 상가가 공실 상태인 건물의 공실상가가 아닙니다. 새롭게 개발된 지역에서 분양이 시작되었으나 대부분의 상가가 공실 상태인 건물, 한때 화려한 시절도 있었으나 어느덧 사람들의 관심이 멀어져 상권이 무너지며 공실이 늘어가고 있는 건물, 이런 건물들의 공실상가에는 관심을 두지 않아야 합니다. 이런 곳의 상가를 가격이 저렴하다거나, 또는 인근으로 대기업이 이전한다는 확실치 않은 소문 등을 이유로 매수하는 순간, 헤어나올 수 없는 굴레에 빠지게 됩니다.

신축 분양되었으나 다수의 상가가 공실인 건물

출처 : 저자 작성

관심을 두어도 괜찮은 공실상가는 양호한 상권에 있음에도, 사정상 일시적으로 공실이 발생한 상가를 의미합니다. 하나의 프라자 상가 건물을 기준으로 건물 내 공실이 1개 또는 2개 정도인 상태여야 합니다. 물론 그런 상가를 찾을 수 있는 확률은 높지 않습니다. 그러나 경기가 침체된 시기에는 자영업의 폐업이 늘고 개업이 줄기 때문에, 양호한 상권에서도 그런 공실 그리고 공실 상태의 매물이 발생할 수 있습니다.

시장의 흐름을 남들과 다르게 바라볼 수 있다면

경기 침체로 미래가 불안하고 경기가 더욱 나빠질 것만 같은 상황에서 투자를 시작하기는 정말 어렵습니다. 하지만 경기는 사이클을 가지고 있기에 역사적으로도 항상 호황과 불황을 반복해왔습니다. 이보다 더 암담할 수 없을 것 같은 어둠의 시기 끝에서 생각지 못했던 경기의 반전이 일어나고, 영원할 것만 같은 호경기 시절에도 그 끝은 여지없이 찾아왔습니다. 이런 관점에서 긴 호흡으로 상가 투자를 대할 수 있다면, 보통의 투자자와는 다른 방향으로 시장에 접근할 수도 있을 것입니다.

상가 건물을 매수하는 많은 투자자들이 담보대출을 고려합니다. 그래서 금리가 높을 때는 거래가 뜸할 수밖에 없습니다. 그러나 이

경기 순환 주기

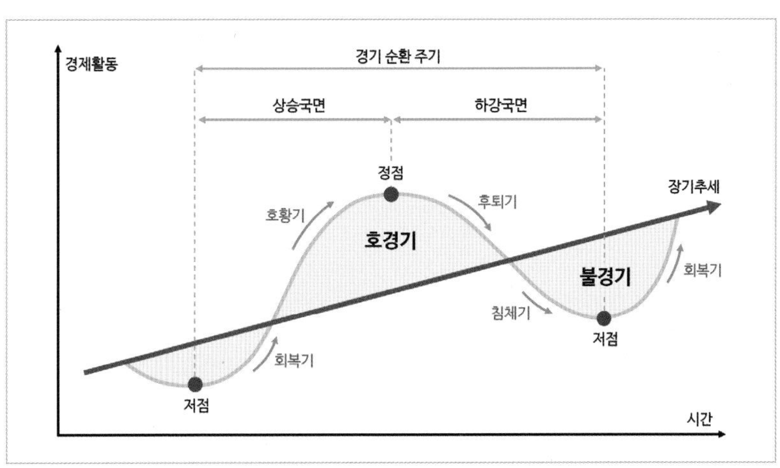

출처 : 저자 작성

때, 반대 방향으로도 상황을 바라보는 관점의 전환이 필요합니다. 상가 건물의 가격은 금리의 영향을 받습니다. 금리는 임대료 수익률에 직접적인 영향을 미치고, 임대료 수익률은 곧 건물가격을 결정하기 때문입니다. 그래서 투자자들의 진입이 어려운 고금리 시기에는 상가의 가격이 높아지기 어렵습니다. 그때 좋은 가격으로 상가를 매수해둘 수 있다면, 이후 금리가 하향 전환하는 시기에는 임대료 수익률이 점차 높아질 것입니다. 그렇게 결국 저금리 시기로 진입하면 어느덧 상가 건물의 가격은 상승세에 있을 것이고, 그때 좋은 가격으로 상가를 매도해 재판매 수익률까지 확보한다면, 이는 하나의 성공적인 투자 이력으로 남을 것입니다.

공실에 따른 할인이 공실 손해를 만회할 수 있다면

5억 원 상당의 구분상가 건물이 있다고 하겠습니다. 보증금 3,000만 원에 월 임대료는 150만 원으로, 임대료 수익률이 약 3.8%인 건물입니다. 그런데 계약 만료 시 임차인이 폐업을 결심해 공실 상태에 놓이게 되었고, 신규 임차인을 다시 구하지 못해 석 달간 공실이 지속되었으며, 결국 소유자도 개인 사정으로 매도를 결심해 해당 물건이 매물로 나오게 됩니다.

이 상황에서 이 물건을 매수하는 경우 5억 원을 모두 지불하는 경우는 없을 것입니다. 매도자와 매수자 모두 공실 상태를 고려하기 때문입니다. 그렇게 가격 조정이 시작되면, 일반적인 조정 범위를 넘어선 수준의 조정이 가능할 수 있습니다. 결국 5억 원 상당의 구분상가를 다소 큰 폭으로 조정해 10% 할인된 4억 5,000만 원에 매수합니다. 물론 매수 이후로도 공실은 당분간 지속될 가능성이 큽니다. 여전히 시장은 불경기 상태에 있기 때문입니다.

그러나 1년이 경과한 때에 비로소 임차인을 구하게 되었다면, 이는 결국 성공한 투자로 볼 수 있습니다. 공실로 인해 할인된 가격이 5,000만 원이고 1년간 공실로 인해 지출된 비용은, 임대료의 총합 1,800만 원(150만 원×12개월)에 관리비의 총합 360만 원(30만 원×12개월)을 더한 2,160만 원이기 때문입니다. 결국 공실을 원인으로 매수 가능했던 낮은 가격이 공실 기간의 손해를 만회하고도 남은 것입니다. 그래서 특정 공실 상가에 대한 미래의 평가가 긍정적인 상황이라면, 충분하게 할인된 가격으로 매수하는 것도 하나의 투자 전략이라고 볼 수 있습니다.

수익형 부동산 투자에서 피할 수 없는 공실

하지만 공실을 각오하고 시작한 투자였다고 해도, 실제의 공실 기간은 매우 고통스러울 수 있습니다. 임대료가 들어오지 않는 상황이 지속됨에도, 매달 날아오는 관리비 고지서와 매달 입금해야 하는 대출 이자는 공실 상태를 끈질기게 각인시킵니다. 실상 대출 이자는 공실이 아니어도 납부해야 하는 것이지만, 공실 상태에는 마치 공실 때문에 납부하게 되는 것처럼 느껴지기도 합니다.

공실상가의 임대현수막

출처 : 저자 작성

그러나 공실을 너무 두려워할 필요도 없습니다. 수익형 부동산 투자를 시작한 투자자라면, 그리고 앞으로도 계속 투자를 지속할 계획이라면 누구나 거칠 수밖에 없는 상황이 바로 공실이기 때문입니다. 그것이 피할 수 없는 투자의 한 부분이라면, 그 시간에서 얻을 수 있는 경험을 취하는 것이 보다 슬기로운 자세일 것입니다. 공실도 탈출해본 사람이 더 빠르게 탈출한다고 합니다. 노하우가 쌓일 수 있는 영역이라는 의미로, 책의 후반부에서 공실 탈출에 대해 다시 살펴보겠습니다.

임장은 가능한 한 많이 가야 합니다

임장은 주말 나들이 가듯이

초보 투자자의 수익형 부동산 투자로는 프라자상가 건물의 구분 상가 투자가 가장 일반적이면서도 쉬운 접근 방식이고, 또한 기존에 잘 알고 있던 지역에서 대상 물건을 찾는 것이 더 유리하다는 부분까지 살펴봤습니다. 이제 네이버 부동산 서비스를 이용해 본격적으로 매물을 찾는 과정과 해당 매물이 실제 원하는 상가였는지를 확인하는 절차인, 임장에 대해 알아보겠습니다.

투자 대상 지역에서 매물 찾기

PC 브라우저에서 네이버 부동산으로 이동한 후 화면 상단에 보이는 지도 영역을 클릭하면, 지도 위에서 해당 지역의 중개사무소들이 등록한 상가 매물들이 표시되는 매물 지도로 이동할 수 있습니다. 이어 상단 메뉴 목록에서 대상 물건 유형으로 [상가·업무·공장·토지]를 선택하고, 매물 유형 항목으로 [상가] 하나만을 남겨둡니다. 그리고 거래방식 항목으로 [매매]를 설정하면 지도 내에 상

네이버 부동산의 상가 매물 지도

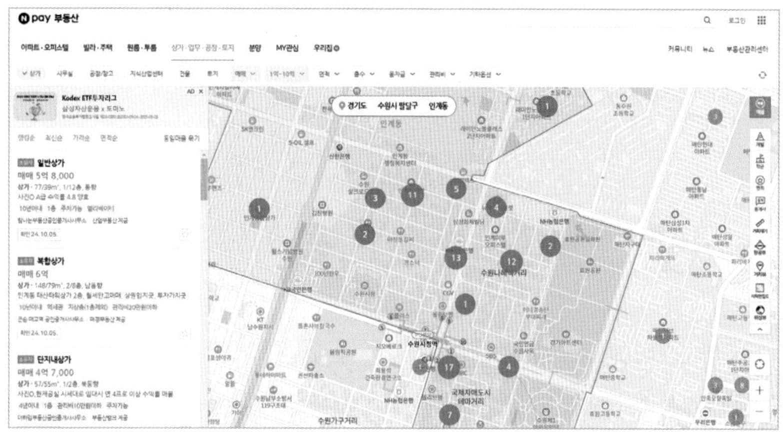

출처 : 네이버 지도

가 매매를 위한 매물들이 표시됩니다. 또한 고려하는 투자금을 기준으로 가격대 항목에서 매매가의 범위를 설정해, 노출되는 매물들의 범위를 좁혀가며 살펴볼 수 있습니다.

매물 지도 내에서 괜찮아 보이는 물건이 있다면, 임대료 수익률부터 확인해봐야 합니다. 수익률을 확인하기 위해서는 월 임대료와 보증금 정보가 필요하지만, 이들이 기재되지 않고 매매가격만 표시된 매물들이 종종 있습니다. 이런 경우에는 해당 건을 등록한 중개사무소에 전화해서 필요한 정보를 확인합니다.

대출이 고려되지 않은 임대료 수익률

임대료 수익률 = (월 임대료 × 12) / (매수가격 - 보증금)

임장 리스트 만들고 임장 가기

계산된 수익률이 기대하는 수익률 범위 내에 있다면 주변 아파트 및 주택 단지의 배후세대 규모를 점검합니다. 그리고 그들의 정문과 후문 등 주된 출입구와 주변의 버스정류장 및 지하철역의 위치를 살펴보며 주요 동선들을 체크합니다. 일반적으로 프라자상가들이 집중적으로 모여 있는 프라자상권은 스스로 유동 인구 및 동선을 만들어냅니다. 그래서 주요 단지들의 주된 출입구와 버스정류장 및 지하철역으로부터의 동선들을 더욱 꼼꼼히 살펴볼 필요가 있습니다. 이 단계까지 대상 물건에 특별한 문제가 확인되지 않았다면, 대상 물건을 기본 정보 및 특이사항에 대한 메모와 함께 임장 리스트에 담아둡니다.

저는 주중에는 임장 리스트에 물건들을 담아두고, 주말에 그들을 살펴보러 다녔습니다. 평일에는 직장의 업무를 보아야 했기에 주말을 활용해 임장을 다녀올 수밖에 없었고, 대신 임장을 나갈 때마다 2~3개의 물건들을 한꺼번에 살펴봤습니다. 상가 건물과 그 내부의 구분상가 하나를 살펴보는 것에도 시간이 제법 소요되고, 물건지까지의 이동에도 시간이 소요되니, 지역을 타깃팅해서 해당 지역에 모아둔 여러 상가를 하루 안에 살펴보곤 했습니다.

그러다 보면 대개 반나절 이상의 시간이 임장에 소요됩니다. 소중한 주말을 반복적으로 할애하는 것이기에, 임장을 일이라고 생각하면 힘이 들고 지칠 수밖에 없습니다. 그래서 임장을 갈 때는 항상 주말 나들이를 가는 것으로 생각하고자 했습니다. 목적지로 이동할 때마다 시원한 카페 음료를 준비해 주말 드라이브를 떠나는 기분으로 출발했습니다. 그러다 보니 임장 길이 좋은 물건을 만날 수 있기를 바라는 설렘의 시간으로 채워졌습니다.

대상 물건을 식별하기

그런데 실상 대상 지역에 도착해서도 물건을 바로 살펴보기 어려운 경우가 많습니다. 매물 정보에서 해당 상가를 특정할 수 있도록 상세히 표시하는 경우는 드물기 때문입니다. 이것은 중개사들이 실제 매수 의사가 있는 사람에게만 정보를 공개하고자 원하기 때문입니다. 그래서 그 의사표시를 명확히 하기 위해 대상 지역에 도착한 이후 부동산 중개사무소에 연락하곤 했습니다.

"안녕하세요, 중개사님. 네이버 부동산에 등록하신 미래프라자 건물의 상가 매수로 전화를 드렸습니다. 지금 건물 근처에 있고 파리바게뜨가 보입니다. 어떤 상가를 보면 될까요?"

매수 의사를 확인하게 된 중개사는 상가를 특정할 수 있는 상세한 정보를 알려주거나 심지어는 만나서 이야기를 나누자며 찾아오기도 합니다. 대상 물건을 식별한 이후에는, 해당 상가의 임차인에게 상가를 매수하려는 사람처럼 보이지 않는 것이 좋습니다. 아무래도 임차인 입장에서는 임차 중인 건물이 매매된다는 사실이 달

갑지 않게 느껴질 수 있기 때문입니다. 그래서 중개사들은 상가를 특정해주며 임차인이 임장을 눈치채지 못하도록 조심스럽게 살펴봐달라는 요구를 하기도 합니다. 주말에 임장을 가다 보면 업종의 특성상 영업을 하지 않는 곳도 제법 있습니다. 그와 같은 곳이라면 마음 편히 둘러볼 수 있겠지만, 임차인이 영업을 하는 곳이라면 조심스럽게 건물을 살펴보려 했습니다.

대상 물건의 임차 영업장 이용하기

그럼에도 해당 상가의 임차 영업장은 될 수 있으면 이용했는데, 예를 들면 현재 임차 업종이 떡집이면 떡을 사서 먹어보고, 카페라면 음료를 주문해 마셨습니다. 상가를 매수하게 되는 때에 현 임차인이 앞으로도 오랫동안 영업 활동을 지속할 수 있을지를 확인하고자 했기 때문입니다. 그래서 임차인이 친절하게 손님을 대하고, 떡이 맛있고, 가게가 잘 관리되어 있고, 음료가 맛있으면 임차인이 고맙게 느껴지고 그 상가 건물에도 더 마음이 가기도 했습니다.

그렇게 실제 대상 상가를 찾아가 영업장을 이용하는 과정에서, 상가의 내부도 꼼꼼히 둘러볼 수 있게 되고, 외관이나 매물 정보의 사진만으로는 확인할 수 없었던 것들도 살펴보게 됩니다. 상가는 눈에 잘 띄는 위치에 있는지, 건물의 노후 상태는 어떤지, 상가 전면의 가로 폭은 넓은지 짧은지, 층고는 높은지 낮은지를 확인하고, 내부에서 밖은 어떻게 보이는지 등도 꼼꼼하게 확인합니다.

상가 내부 이미지

출처 : Unsplash

상가 건물의 형태에 대해 조금 더 이야기하자면, 같은 평이라면 전면 폭은 넓을수록 더 좋습니다. 외부 및 내부에서의 가시성이 그만큼 커지기 때문입니다. 특히 외부에서의 가시성이 떨어지는 건물의 후면에 위치한 상가나, 건물의 내부에 위치해 상가의 외벽과 맞닿아 있지 않은 먹통상가는 초보 투자자에게 권하기 어렵습니다. 층고는 애매하게 높은 것보다는 차라리 일반적인 높이가 좋습니다. 복층 영업장을 원하는 사람에게 임차할 것이 아니라면 보통의 임차인에게는 인테리어 비용 및 냉난방 모두에서 불리하기 때문입니다.

층고가 높은 상가

출처 : 저자 작성

건물의 내부 상태 확인하기

입점 상가 안내판

출처 : 저자 작성

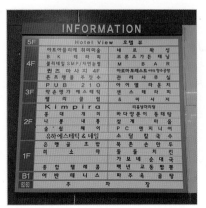

구분상가를 매수할 때는 건물 자체의 상태도 중요하게 고려해야 합니다. 프라자상가 건물은 건물의 준공일, 건축사, 건축회사, 구조설계사, 시공사 등의 정보가 기재된 건축물 준공 명판을 가지고 있습니다. 그것을 찾아 스마트폰으로 촬영해 두고 상가 내 각 호실에 영업 중인 입점 상가들의 안내 표지판도 촬영합니다. 해당 건물에 어떤 업종들이 입점해서 영업하고 있는지, 현재 공실 상가는 없는지 등을 손쉽게 확인할 수 있기 때문입니다.

관리가 잘되어 있는 상가 건물 화장실

출처 : 저자 작성

화장실도 실제로 이용해보며 점검합니다. 상가의 손님들이 이용할 화장실이 잘 관리되고 있는지를 자세히 살펴본 후, 엘리베이터를 이용합니다. 엘리베이터의 상태를 눈으로 점검하며 최상층으로 이동합니다. 최상층에서 다른 구분상가들은 어떤 상태로 영업이 되고 있는지를 살펴보고, 복도 청소는 잘 되어 있는지를 확인합니다. 이후 계단을 이용해 아래층으로 이동하며 계단의 관리 상태도 점검합니다. 이렇게 모든 층과 계단을 살펴봅니다. 과하다고 생각될 수도 있겠지만, 실제로는 생각보다 많은 시간이 소요되지 않습니다.

시간을 내어 온 김에 주차장도 살펴보길 바랍니다. 주차 자리는 충분한지, 관리는 잘되어 있는지 등을 주로 살피게 됩니다. 이와 같은 방법으로 현재 상가 건물의 관리가 잘되고 있는 상태인지를 살펴보고, 또한 좋은 업종들이 많이 임차한 상태인지, 유해하거나 거부감을 주는 업종이 임차해 있지는 않은지도 확인합니다.

일반적인 프라자상가 건물 지하 주차장

출처 : 저자 작성

건물의 외부 및 주변 상태 확인하기

건물의 내부 점검이 끝났으면 외부를 점검합니다. 외벽에 깨진 곳은 없는지, 1층 출입구의 계단과 인도로 연결된 구조물이 있다면 깨진 곳이 없는지, 건물 주변에 전신주가 있어서 전선들이 지저분하게 엉켜 있지는 않은지, 건물 앞의 가로수가 간판을 가리지는 않는지, 여름에 가로수 잎이 무성하게 차오르는 때에 상가의 전면을 가릴 것 같지는 않은지 등을 잘 관찰할 필요가 있습니다.

구분상가 내부와 상가 건물 전체의 내외부를 세심히 살폈다면 이제 주변을 둘러볼 차례입니다. 임장한 시기가 걷기에 좋은 계절이라면 시간을 내어 주변을 걸어보는 것이 좋습니다. 건물 주변에 사람들이 많은지 적은지, 어느 연령층들이 주로 있는지, 건물이 위치한 지역이 좋은 경치와 분위기를 가졌는지, 그리고 내가 사업을 시작하고 싶을 정도로 역동적인 에너지를 가진 지역인지를 눈으로 직접 보며 느껴보는 것이 중요합니다.

멋진 경관을 가졌지만 유동 인구가 많지 않은 지역

출처 : 저자 작성

계절과 날씨에 따라 이동에 어려움이 있거나, 더욱 넓은 범위까지 살펴보고자 한다면 차량을 이용할 수 있습니다. 상가에 인접한 도로를 시작으로 점차 범위를 키워가며 주변 지역들을 넓게 둘러봅니다. 해당 지역이 현재 거주하는 곳과 그다지 멀지 않은 곳이었다고 해도, 막상 방문해보면 지역 이름만 익숙했을 뿐 정작 지역의 모습은 잘 알지 못했던 경우가 적지 않았습니다. 심지어는 제법 알고 있던 지역이라도, 깊은 관심으로 살펴보니 기존에 보이지 않았던 부분들도 새롭게 발견하곤 했습니다.

임장은 많은 준비와 노력이 필요한 것

초보 투자자의 투자는 특히 신중하게 진행되어야 하기에, 이처럼 상세한 임장 과정을 통해 매물을 충분히 이해할 수 있는 기회를 많이 만들어야 합니다. 한 번의 임장에도 적잖은 시간과 노력이 필요하기에, 여러 물건을 하루 안에 모두 살피기 위해서는 대상 물건 간의 위치를 사전에 점검하며 임장 동선을 계획해두는 것이 중요합니다.

저의 첫 상가 매수에 1년여가 소요되었다고 했습니다. 해당 기간 거의 모든 주말 임장을 갔었고, 살펴본 물건은 100개에 달했습니다. 한 번 임장을 갈 때마다 약 2~3개의 상가를 살펴본 셈입니다. 그러나 그 100개에 달하는 물건들에서 정말 사고 싶다고 느낀 상가는 단 3개뿐이었습니다. 그리고 그중 하나를 매수한 것이 첫 번째 투자가 되었습니다. 이렇게 신중을 기해 상가를 매수한다면, 실패 확률을 상당히 낮출 수 있을 것입니다.

아쉬움이 남았던 임장 사례들

상가 건물을 가리는 시설물

유동 인구가 많은 프라자상가 건물의 1층 전면에 위치한 구분상가를 임장했습니다. 해당 상가에는 소규모 주점이 임차 중으로, 이는 기존 고려하지 않던 임차 업종이긴 했으나 워낙 상권이 양호한 지역이었기에 관심이 갔던 곳이었습니다. 그러나 아쉽게도 그 상가는 한 가지 문제를 가지고 있었습니다. 상가 앞 인도에 설치된 지상 변압기가 차도가 아닌 상가 쪽에 설치되어 있던 것입니다. 변압기는 옆 상가에도 약간 걸쳐 있긴 했으나, 그럼에도 대상 매물의 가시성과 접근성에 적지 않은 영향을 미칠 것으로 판단했습니다.

인근의 또 다른 관심 상가도 문제를 가지고 있었습니다. 상가 전면 일부에 에어컨 실외기들이 한데 모여 설치되어 있던 것입니다. 현재 임차 중인 영업장과 인근 영업장의 실외기들로 예상되었고, 실외기는 변압기처럼 영구 고정된 시설물이라고 볼 수는 없지만

상가 앞에 놓인 변압기와 상가 전면 일부에 모여 설치된 에어컨 실외기

출처 : 저자 작성

정돈되지 못한 상가의 전면은 매수 의지를 꺾기에 충분했습니다.

상가 건물의 조형물에 가려진 상가

출처 : 저자 작성

그 외에 지자체에서 인도 위에 높게 설치한 화단이나 프라자상가 건물의 조형물 또한 구분상가의 가시성을 해칠 수 있는 요소이므로, 임장을 통해서 상가 건물을 가리고 있는 시설물의 유무와 상태를 확인해보는 것이 필요합니다.

외부에서 보이지 않는 먹통상가

넓은 면적의 프라자상가 건물은 외벽에 인접하지 못하고 건물 내부에만 위치하는, 소위 먹통상가들을 가진 경우가 많습니다. 이런 형태의 상가라고 해서 업종이 크게 제한되지는 않습니다. 경우에 따라서는 일반 구분상가와 달리, 상가의 모든 면이 건물 내부의 이용자 동선에 열려 있어 장점으로 작용하기도 합니다.

그러나 먹통상가의 아쉬움으로는 건물 외벽의 상가 전면에 간판을 달 수 없어 외부에서 영업장의 존재를 알리기 어렵고, 또한 고객의 접근성도 떨어진다는 점입니다. 물론 건물 외벽의 지정된 영역에 내부 상가들의 간판을 모아 설치하는 경우도 있지만, 경우에 따라서는 그렇지 못한 경우도 있습니다. 이런 제약으로 임차인의 선호는 낮아지기 마련이고, 이는 공실의 가능성을 높입니다. 그래서 초보 투자자는 먹통상가를 멀리하는 것이 좋습니다. 그러나 관심을 두지 않는다고 해도, 임장을 하다 보면 먹통상가를 종종 만나게 됩니다. 중개사무소가 매물을 등록하는 때에 먹통상가임을 표시하지 않는 경우들도 흔하기 때문입니다.

외부에서는 보이지 않는 먹통상가

출처 : 저자 작성

상가 건물 후면에 위치한 상가

입지에 비해 좋은 가격의 매물이 나왔다고 생각하며 서둘러 찾아갔던 많은 경우가 후면상가 매물이었습니다. 후면상가란, 상가 건물의 후면에 구분상가의 전면이 배치된 상가를 의미합니다. 프라자상가 건물은 대체로 전면에 대로를 끼고 있으며, 대로변의 인도는 많은 유동 인구를 가지고 있기에 그만큼 매매가격 및 임대료가 높습니다.

반면 건물 후면의 인도는 주동선에서 벗어난 경우가 많아 유동 인구가 상대적으로 적고, 관리 상태도 전면보다 미흡한 경우가 많습니다. 외벽이 부서진 상태로 방치되어 있거나, 복잡하게 설치된 실외기들로 어수선하거나, 분리수거 쓰레기통들이 배치된 모습들을 볼 수 있습니다. 당연히 구분상가의 매매가는 낮아지겠지만, 임차인의 선호도 또한 떨어질 수밖에 없습니다.

건물 후면의 상가

출처 : 저자 작성

때로는 건물의 후면이 아파트 단지 등 주택가와 맞닿아, 오히려 세탁소 등의 생활 밀접형 소규모 단골 상권을 만들기도 합니다. 그러나 상가 투자를 시작하는 때에는 보편적으로 높은 성공 확률을 가진 곳을 선택해야 합니다. 스스로를 사업을 시작하려는 임차인이라 가정해서, 영업장을 열고 싶은 곳을 생각해봐야 합니다.

여러 호실을 합해서 임차되어 있는 경우

번화가에 위치한 프라자상가 건물 1층에서 감자탕 식당으로 성황리에 영업 중이라던 구분상가를 보러 갔었고, 생각보다 매장의 규모가 커서 의아했던 적이 있습니다. 알고 보니 감자탕 식당은 2개의 호실을 합해서 임차 중인 상태였고, 그중 하나의 호실이 매물로 나와 있던 것입니다.

임장을 다니다 보면 이런 경우를 흔하게 접하게 됩니다. 3개 호실을 합친 피아노 학원의 일부 매매, 4개 호실을 합친 병원의 일부 매매 등 기억나는 곳이 많습니다. 그런 현황에도 불구하고, 여러 조건이 양호하고 현 임차 업종이 튼튼한 상황에서는 매수가 고민되기도 했습니다.

그러나 역시 초보 투자자에게는 추천하고 싶지 않은 형태입니다. 임대의 여러 과정에서 공동 임대인과 의견 조율을 해야 하는 번거로움이 있기 때문입니다. 임차료의 증액 및 감액, 하자 보수 등 임

여러 호실의 사용이 필요한 큰 영업장들

출처 : 저자 작성

차에서의 상황 대응, 임차 계약 만료 후 공동 임대를 유지할지 분할할지의 논의, 신규 임차인을 찾고 계약하는 과정에서의 협업 등 생각만으로도 부담스러운 부분들이 적지 않습니다. 게다가 그런 부담과 번거로운 상황으로, 향후 매도에서의 어려움도 예상됩니다.

또한 중요하게 알아야 할 부분은 개별 호실들이 합해서 임차된 상가의 매수에서는, 해당 상가를 담보로 대출을 받을 수 없다는 점입니다. 이는 은행 입장에서 소유권 및 권리관계 파악에서의 복잡성, 그리고 그에 따른 가치 평가에서의 어려움 때문입니다.

임차 상황이 불안한 경우

번화한 상권의 상가 건물 1층에 자리한, 대기업의 대형 가전 대리점 일부 호실이 매물로 나와 살펴본 때가 있었습니다. 대리점은 약 20개의 구분상가를 합해서 임차하고 있었으며, 매물은 그 20여

개의 구분상가 중에서 딱히 좋은 위치는 아니었습니다. 분양 상태로 보면 건물 내부에 있는 먹통상가였고, 건물 내 주동선에서도 다소 벗어나 있었습니다. 게다가 합쳐진 임차 상태에 따라 대출도 가능하지 않은 매물이었습니다.

그러나 번화한 상권에서의 1층 구분상가이고, 현재 우량 임차인이 입점해 있다는 점에서 그냥 지나치기가 쉽지는 않았습니다. 그런데 고민이 길어지던 중, 해당 대리점이 타 대리점으로 통합된다는 소문을 우연히 듣게 되었습니다. 이에 물건을 등록한 중개사에게 해당 소문을 물어보았으나 아는 바가 없다는 답변을 받았습니다.

소문을 따르기에도 찝찝한 부분이 있었으나, 매수 이후 현재의 임차가 빠져나간다면 정말 어려운 상황을 마주하게 될 것 같았습니다. 10여 명에 이르는 구분상가 소유자 간의 협의도 부담스러웠고, 각자 분할해서 임차해야 하는 상황이 된다고 해도 그 많은 매물로 인해 장기 공실이 예상되었기 때문입니다. 결국 해당 물건은 포기하게 되었는데, 오래지 않아 해당 대리점이 소문대로 철수한 것을 볼 수 있었습니다.

상가의 간판을 가리는 가로수

가로수가 상가와 간판을 가린다는 이유로, 가로수에 구멍을 뚫고 농약을 주입해 고사시킨 건물주에 대한 뉴스를 본 적이 있습니다.

가로수에 의해 간판이 가려진 상가들

출처 : 저자 작성

유사한 상황을 경험해보니, 그가 어떤 마음이었을지 알 법한 부분도 있지만, 현행법에 따르면 가로수를 고의로 훼손시킬 경우 3년 이하의 징역 또는 3,000만 원 이하의 벌금에 처해질 수 있으므로 그와 같은 행위는 꿈속에서만 생각해야 할 것입니다.

상가의 전면 모습 및 간판은 영업장의 가시성을 높이고, 이는 접근성을 높여 결국 매출 상승으로 연결됩니다. 그리고 매출은 임대료 수익률 및 구분상가의 가격에 영향을 줍니다. 그래서 임장 시 상가의 전면 및 간판을 가리는 가로수의 존재 유무는 항상 살펴봐야 합니다. 가로수 상황은 구분상가 소유자가 바꿀 수 있는 부분이 아니므로, 물건이 가진 고유의 조건이라고 간주하는 것이 좋습니다.

게다가 가로수의 모습은 계절 및 지자체의 가로수 정비 현황에 따라 크게 달라질 수 있습니다. 그래서 현시점에 볼 수 없는 가로수의 과거 모습들은, 네이버지도의 거리뷰 및 카카오맵의 로드뷰에서 이전 촬영일의 사진들로 참고하면 좋을 것입니다.

창고로 활용 중인 구분상가

매물 정보에서는 파리바게뜨가 임차해 성업 중인 상태라고 표기되어 있던 건입니다. 파리바게뜨라면 모든 임대인이 꿈꾸는 우량 임차인 중 하나일 것입니다. 임대인들이 가장 좋아한다는 표현 그대로 임대료는 '따박따박' 입금될 것이고, 구분상가의 가치 또한 덩달아 상승할 것으로 예상되기 때문입니다.

그러나 매물을 실제로 살펴보니, 파리바게뜨 매장이 아닌 파리바게뜨 영업장 바로 옆에서 해당 매장의 창고로 활용되던 구분상가였습니다. 보통 그와 같은 큰 빵집들은 식자재 보관 등을 위한 창고가 필요해 인근의 작은 호실을 하나 더 임차하기도 하는데, 그렇게 창고로 사용하던 물건이 매물로 나와 있는 상황이었습니다.

매물의 가격이 나쁘지는 않아 위치가 좋았다면 매수를 고려할 수 있었겠지만, 건물 내에서의 위치도 그다지 좋은 편은 아니었습니다. 게다가 창고로 활용되는 임차는 인테리어 투자가 필요 없었을 것이기에, 매장 수익률이 떨어지거나 대체 공간이 확보된다면 손쉽게 임차가 중단되며 공실로 연결될 것으로 예상할 수 있었습니다. 그런 판단에 따라 매수 의사는 거두게 되었습니다.

구분상가 외벽에 위치한 분리 수거장

이 사례의 상가도 제법 규모가 있는 프라자상가의 1층 구분상가였습니다. 중개사를 통해 안내를 받았는데, 당시 상가는 공실 상태였습니다. 또한 후면 상가인 점도 아쉬웠지만 양호한 가격의 매물이었고, 상가 앞 통행로에 먹자골목이 형성되어 있어 유동 인구는 적지 않을 것으로 생각해서 조금 더 관심을 두려던 차였습니다.

분리수거장과 벽을 접한 상가

출처 : 저자 작성

그런데 문제가 있었습니다. 상가 건물 1층 후면에 넓고 평평한 건물 내 공개 영역이 있었고, 그 영역은 현재 매물의 외벽에 연접한 상태였는데, 그곳 일부가 상가 건물의 분리수거장으로 활용되고 있던 것입니다. 그래서 해당 상가에서 창을 열어서 내다보면 바로 앞으로 분리수거장의 대형 쓰레기통들이 보였습니다. 당시 날씨가 쌀쌀했기에 냄새는 그다지 나지 않았지만, 아마도 여름의 상황은 달랐을 것입니다. 싸고 좋은 물건은 없다는 말을 다시 한번 생각하게 된 때였습니다.

전면이 경사로에 위치한 상가

프라자상가 건물의 측면 상가였습니다. 그래서 구분상가는 상가 건물 후면에 위치한 아파트 단지로 연결되는 골목을 바라보고 있었는데, 그 골목길은 경사가 있는 오르막길이었습니다. 보통 경사진 곳에 상가의 전면이 배치되어 있다면 구조물로 바닥을 높이고 계단을 연결해, 상가 전면이 평평한 바닥을 확보하게 하는 것이 일반적인 모습일 것입니다.

전면에 경사진 도로를 가진 상가

출처 : 저자 작성

그러나 아쉽게도 이 상가는 그렇지 않았습니다. 상가 전면 골목의 경사가 다소 있었고 상가 바닥은 낮기에, 상가 전면의 일부가 살짝 도로 아래로 들어간 형태였습니다. 그에 따라 상가 출입구의 위치나 인테리어에 제한되는 부분이 있을 것으로 보였습니다.

상가 건물 뒤쪽의 아파트 단지는 든든한 규모로 있어서 상가의 영업 활동에는 크게 문제가 있어 보이지는 않았고, 매물가격도 그와 같은 핸디캡이 고려되어 나름 합리적이었으나, 임차인 입장에서 '내 가게를 시작하고 싶은 곳일까?'라는 질문에 답하기 어려워 고사했던 케이스입니다.

전면 통행로가 충분히 확보되지 않는 상가

넓은 아파트 단지로 둘러싸인 항아리 상권 프라자상가의 1층에 위치한 상가였습니다. 아쉽게도 이 상가 또한 건물 측면에 상가의 전면이 배치된 경우로, 작은 카페가 임차 중인 상태였습니다. 그러나 상가 전면의 골목은 건물 후면의 아파트 단지로 연결되어 있어 통행하는 사람들이 적지 않았으며, 임차 중인 카페의 사장님도 친절하고 가게도 깨끗하게 운영되는 것을 확인한 터라 매수를 신중하게 고려했습니다.

그런데 상가 전면의 골목을 여러 번 오가며 이상한 느낌을 받았습니다. 골목의 폭이 2m를 겨우 넘길 정도로 좁았는데, 바닥 블록의 모양이 현 상가 건물 쪽과 바로 옆 건물 쪽이 각각 달랐습니다. 이상한 느낌을 지울 수 없어 임장을 마친 후 네이버지도의 로드뷰를 통해 해당 지역의 과거 사진들을 살펴봤습니다.

상가 전면의 좁은 통로

출처 : 저자 작성

다소 놀라운 상황을 확인하게 되었는데, 불과 수년 전까지 옆 건물 쪽의 골목은 해당 건물의 화단이었습니다. 즉 오랫동안 두 건물 사이의 1m를 조금 넘는 좁은 간격이 통행로로 사용되던 상태였고, 이후 두 건물 간에 어떤 합의가 있었던 것인지 옆 건물의 화단이 철거되고 보도블록을 설치해 그 통로를 넓힌 것이 현재의 모습이었던 것입니다. 통로의 절반이 화단이었던 상태를 보니, 어떻게 그처럼 좁은 통행로를 전면에 가진 상가가 분양될 수 있었던 것인지 이해하기 어려웠습니다. 물론 현재의 모습은 통행로 문제가 보완된 상태이지만, 언젠가 그 보행자 통로 절반이 다시 화단으로 변할 수 있지 않을까 싶은 우려에 매수를 더 고민하긴 어려웠습니다.

심지어 상가의 전면이 건물 측면이 아닌 정면의 대로를 향하고 있지만, 통행로 넓이가 충분하지 못한 경우도 많습니다. 상가 앞 통행로가 지나치게 좁은 경우에는 사람들이 머무르기 어렵습니다. 오

전면 인도가 좁은 상가 건물

출처 : 저자 작성

히려 답답함과 불편함에 그곳을 빠르게 떠나려 할 가능성이 더 클 것입니다. 고객이 상가의 위치를 미리 알고 방문하는 경우도 있지만, 우연히 상가를 발견하고 방문하는 경우도 많습니다. 그런데 좁은 통행로는 이런 우연한 방문의 가능성을 낮추게 됩니다. 그래서 상가 영업장 입장에서는 상가 앞 좁은 통행로는 단점일 수밖에 없고, 그렇기에 임장 시 반드시 살펴봐야 합니다. 일반적으로 상가의 전면 통행로 또는 공간은 넓을수록 좋습니다.

바닥의 형태가 직사각형이 아닌 상가

무인 문구 매장이 임차된 작은 상가를 보러 간 적이 있습니다. 약 6평 규모의 작은 구분상가였지만, 건물 1층 전면 상가임에도 가격이 저렴해서 살펴보게 되었습니다. 면적이 작긴 하지만 테이크아웃 카페 등으로 충분히 활용될 수 있겠다고 생각했습니다.

그러나 임장을 해보니 전면 상가이기는 하지만 건물의 한쪽 끝에 위치해 있고, 건물 뒤로 연결되는 주차장 길목을 앞에 두고 있어 접근이 편하지 않은 문제가 있었습니다. 무인 매장이다 보니 편하게 내부를 살펴볼 수 있었는데, 실내에 들어서니 또 다른 문제를 볼 수 있었습니다. 상가 모양이 직사각형이 아닌 삼각형이었던 것입니다.

이에 임차가 가능할 업종들을 떠올리며 관련한 내부 시설들의 배치를 이리저리 그려보았습니다. 그러나 면적에서의 제약까지 더해

바닥 형상이 삼각형인 구분상가

출처 : 저자 작성

지니 양호한 배치를 쉽게 생각해내기는 어려웠습니다. 물론 구분상가 바닥이 직사각형이 아니어도 훌륭하게 영업하고 있는 업장이 많습니다. 그러나 일반적으로는 반듯한 네모 형태의 상가가 더 선호되는 것도 사실입니다.

바닥 및 인접한 복도가 젖어 있는 상가

건물 소유자들이 가장 만나고 싶지 않은 상황은 바로 누수라고 합니다. 임대사업을 위해 수리하지 않을 수 없지만, 누수의 원인부터 찾기 어렵고, 원인을 찾았다고 해도 수리에 큰 비용이 드는 경우가 많기 때문입니다. 게다가 수리 후에 재발되는 경우도 적지 않다고 하니 정말 반갑지 않은 상황인 것이 수긍됩니다.

그토록 피하고 싶다는 누수가 발견된 1층 구분상가 매물을 살펴

누수가 발생한 상가 건물의 내부 벽체

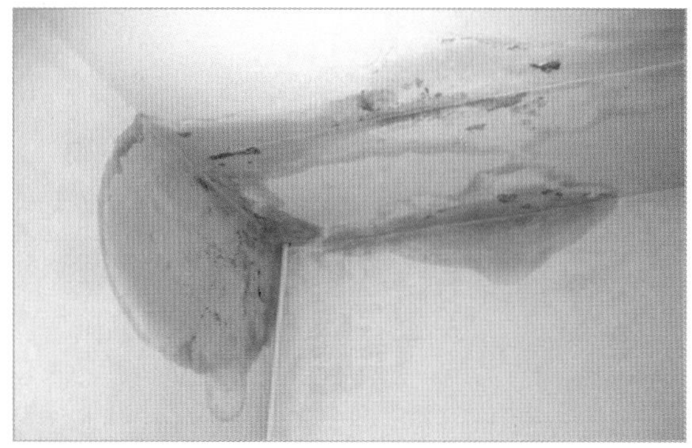

출처 : 저자 작성

본 적이 있습니다. 당시 등록된 매물 정보에 누수와 관련된 표시는 없었으나, 임장에서 점검 시 상가 건물 내부의 복도 바닥, 그리고 대상 구분상가의 외벽이 젖어 있는 것을 확인하게 되었습니다. 물론 해당 물건을 등록한 중개사도 누수 사실을 알고 있지는 못했던 것 같았으나, 누수 문제를 제기했을 때에도 근래 비가 많이 와서 그랬을 것이라며 대수롭지 않게 넘어가려 했습니다.

구분상가 자체는 충분히 괜찮다고 판단했던 터라, 확인이 필요함을 재차 어필해 상가 관리소장을 통해 현황을 확인하게 되었고, 결국 현재 위층 화장실로부터 누수가 발생하고 있다는 이야기를 들을 수 있었습니다. 아쉬움이 컸지만, 영원히 마주치고 싶지 않다는 누수가 이미 발생한 상가를 더 보고 있을 필요는 없었습니다.

장점을 보았거나 참고가 된 사례들

잠시 주차가 가능한 도로를 가진 상가

앞서 임장에서 경험한 아쉬움을 공유했으나 반대의 경우도 적지 않았습니다. 작은 뷰티샵이 임차 중이던 1층 구분상가를 보러 간 때였습니다. 상권 및 상가 자체도 나쁘지 않았지만 가장 마음에 들었던 것은 상가 전면의 도로가 주차 가능한 곳으로 지정되어 있다는 점이었습니다.

상가 앞에는 왕복 6차선의 도로가 펼쳐져 있었는데, 상가에 인접한 차선 하나를 폐쇄하고 평행주차가 가능하도록 주차 라인이 지정된 상태인 것으로 보였습니다. 바로 앞에서 잠시 지켜보니, 많은 사람들이 잠깐씩 차를 주차하며 인근 상점들을 편리하게 이용하고 곧바로 떠나는 모습을 볼 수 있었습니다.

굳이 상가 투자자라는 입장이 아닌, 보통의 상점 이용자 입장으

전면 도로에 주차가 가능한 상가

출처 : 저자 작성

로 생각해보아도 상가 지하 주차장이 아닌 상가 건물에 인접한 도로에 잠시 주차할 수 있다는 것이 얼마나 편리한 것인지는 쉽게 공감할 수 있을 것입니다. 이 지점이 사업을 시작하려는 임차인에게 큰 장점으로 작용할 수 있으리라 생각해서 매수를 깊이 고민하기도 했습니다만, 아쉽게도 다른 조건으로 인해 매수까지 연결되지는 못했습니다.

주차 걱정 없는 주차장 건물 상가

한편 주차에서의 편의성을 확실하게 지닌 건물 유형이 있습니다. 바로 주차타워 또는 주차빌딩으로 불리는 주차 전용 건축물로, 이는 차량의 주차를 위해 일정한 설비를 갖춰 지은 건축물을 의미합니다. 비록 주차를 위한 건물이지만 주차장 면적의 일정 범위에서 근린생활시설 등의 용도를 함께 건축할 수 있어, 분양을 위한 구분상가들이 포함되어 건축되기도 합니다. 이는 주차장 운영만으로

1층에 상가들이 배치된 주차 전용 건물

출처 : 저자 작성

는 회수할 수 없는 투자비를 건축주에게 보전함으로써 지역의 주차장을 더욱 많이 확보하기 위함이라고 합니다.

언젠가 거주하던 곳에 위치한 2층 구분상가 매물을 보러 간 적이 있습니다. 특이하게도 건물 규모와는 달리 지하 주차장이 매우 깊고 넓게 만들어진 곳이었습니다. 사실 임장 이전부터 그 건물의 상가들을 수시로 이용하고 있었으나, 주차장이 지하로만 구성되어 있었기에 주차 전용 건축물인지는 미처 알지 못했습니다.

상가 건물에서 주차장의 유무, 그리고 주차 편의성의 확보는 임차 업종을 구분 짓기도 하는 중요한 요소입니다. 매수를 고려하는 물건이 있다면, 해당 상가에서 가능한 주차 대수를 확인하는 등 상가 방문자의 주차 편의까지 세심하게 체크할 필요가 있습니다.

은행 ATM이 임차하고 있는 구분상가

1금융권 은행이 ATM으로 임차 중인 1층 구분상가를 살폈던 적이 있습니다. 과거에 건물의 2층을 은행 지점으로 넓게 사용해왔으나, 수년 전 지점을 인근으로 이전하고, 현재는 1층 ATM만 이 남아 있는 상태였습니다.

은행 ATM 임차 상가

출처 : 저자 작성

이 상가는 매수하기로 결심해서 소유자와 몇 차례 접촉했으나, 가격 조정에서 끝내 이견을 좁히지 못해 불발되었던 아쉬운 기억이 있습니다. 그런데 그 과정에서 ATM 임차 상가는 그 유형 자체로 장점이 되기도 하고, 또 단점이 된다는 것을 알게 되었습니다.

임차인이 은행이다 보니 임대료 밀릴 걱정이 없는 것은 큰 장점입니다. 또한 영업장 관리 주체가 개인이 아닌 법인이다 보니, 임대 중 발생하는 이슈들에 대한 협의에도 부담이 적습니다. 임대료 조정의 상황을 생각해봐도, 은행 담당자와 감정이 배제된 사무적인 협의가 가능할 것입니다. 게다가 은행은 임차 종료 시 원상복구를 매우 깔끔하게 처리하고 퇴거하는 것으로도 잘 알려져 있습니다.

반면 ATM 임차의 단점으로는 높은 보증금을 꼽을 수 있습니다. 그래서 일반적인 임차보다 약 2배의 보증금이 설정된 것을 흔히 볼 수 있습니다. 은행은 확보한 금전 자산을 활용하기 위해 보증금을 높이는 대신, 월 임대료를 낮춰 고정 비용을 줄이는 것을 선호하기 때문이라고 합니다.

보증금이 높다 보니, 매수 자금은 상대적으로 적게 드는 것이 장점으로 간주되기도 합니다. 그러나 ATM 임차가 종료되는 상황을 생각해보면 예상되는 이슈가 있습니다. 신규 임차 업종으로 또다시 ATM이 들어오는 것이 아니라면, 기존보다 적은 보증금을 받을 수밖에 없기에 자신의 돈을 더해 보증금을 반환해야 하는 문제가 발생합니다. 게다가 근래 현금 사용이 빠르게 줄어들면서 ATM이 점차 사라지고 있는 상황도 고려해야 할 것입니다.

투자에 도움이 되는 지역의 공인중개사

임장을 다니다 보면 다양한 중개사(정식 명칭은 개업공인중개사)를 만나게 됩니다. 이들과의 경험을 이야기하기 전에 공인중개사 자격증 공부에 대해 잠시 이야기하고자 합니다.

투자 활동에 도움이 되는 공인중개사 자격증 공부

일상에서 여력이 되는 투자자라면 공인중개사 자격증 공부, 그리고 더 나아가 자격증 취득까지도 추천합니다. '한국에서 부동산 불패 신화는 끝났다'라는 이야기가 나오는 때지만 그 말의 옳고 그름은 지역별로 다르게 판단될 것입니다. 인구가 감소하더라도 여전히 많은 사람들이 살고 싶어 하는 곳, 그리고 영업하고 싶어 하는 곳은 언제나 존재하기 마련이고, 그런 곳이라면 앞으로도 그 불패의 신화를 계속해서 써 내려갈 수 있다고 보기 때문입니다.

이처럼 부동산 투자의 중요성이 지속될 수밖에 없는 한국 사회에

서점의 공인중개사 자격증 수험서

출처 : 저자 작성

서 공인중개사 자격증 공부는, 부동산 그 자체에 대한 여러 배경지식과 이해를 갖출 수 있도록 돕습니다. 그 시험 과목으로는 부동산학개론과 민법, 그리고 공인중개사법, 공시법, 세법, 공법 등이 있습니다. 이들의 학습서만이라도 관심 있게 읽어본다면, 부동산을 바라보는 시야를 한 단계 넓은 범위로 확장시킬 수 있을 것입니다.

물론 자격증을 취득하더라도 그것을 가치 있게 활용할 수 있을지는 알 수 없습니다. 중개사무소의 개업이 매력적인 시대는 오래전에 지났다고들 보기 때문입니다. 그러나 기왕 공부를 시작하기로 했다면, 학습의 지속성을 확보하기 위해서라도 자격증 취득이라는 목표를 잡아보는 것도 괜찮을 것입니다.

공인중개사를 통해 가능한 지역 정보의 확보

서론이 길었습니다. 다양한 과목을 학습해서 자격증을 취득하고, 현업에서도 오랫동안 종사해온 개업공인중개사는 부동산 시장 한 영역에서의 전문가라고 할 수 있습니다. 특히 그들은 중개사무소가 위치한 지역 내에서 오고 가는 정보들을 많이 알고 있습니다. 그렇기에 임장을 목적으로 현장에 방문한 후 대상 건물만 살피고 돌아가는 것보다는 물건을 등록한 중개사무소에 들러 잠시나마 이야기를 나눠보는 것이 도움이 될 때가 많습니다.

물론 사람들의 성격이 가지각색이듯, 중개사들의 모습과 태도도 다양합니다. 친절한 중개사, 불친절한 중개사, 적극적인 중개사, 소극적인 중개사, 손님과의 대화를 귀찮아하는 중개사, 계약을 만들어내기 위해 적극적으로 접근하는 중개사 등, 그들의 모습은 천차만별이기에 나의 부동산 투자에 도움이 될 수 있는 중개사를 만나고자 한다면 보다 많은 중개사들을 만나보는 것이 유리합니다. 상가 투자자로서 중개사를 만날 때에 가장 중요하게 보여져야 하는 것은 바로 적극적인 매수 의사의 표시입니다. '이 손님은 진정으로 거래하려는 사람이다'라는 인상을 심어줄 수 있다면, 중개사도 적극적으로 응대하기 시작하며 내게 보다 많은 시간을 투자하게 됩니다.

중개사는 중개사무소가 위치한 지역에서 오랫동안 영업을 해왔을 가능성이 큽니다. 그래서 그들은 해당 지역의 교통, 학군, 편의시설 등의 장단점과 부동산 시장의 동향 및 개별 매물의 특성을 잘 알고 있습니다. 경우에 따라서는 '어느 곳의 넓은 땅이 현재 누구의 땅인데, 어떤 사정으로 개발이 지연되고 있으나 언제는 개발이 될 것으로 보인다'와 같은 지역의 개발 소식을 공유해주기도 합니다. 물론 단순한 소문이라고도 치부할 수 있지만, 해당 지역의 커뮤니

티를 통하지 않고서 그와 같은 소문을 직접적으로 들을 수 있는 경로는 흔치 않을 것입니다.

비공개 매물 정보를 제공하고 협상을 돕는 공인중개사

중개사는 매도자의 의뢰에 따라 매물을 등록하지만, 종종 그 매물을 공개된 곳에 게시하지 않고 자신이 관리하는 투자자들에게만 공유하는 경우도 있습니다. 그렇게 거래가 성사된다면 매도자와 매수자 양측에서 중개수수료를 취할 수 있으니, 그들의 입장에서는 장점을 가진 영업 방식일 수 있습니다. 그래서 매수 의사와 대상 물건의 조건과 가격대를 중개사에게 전달해두면 새롭게 의뢰되는 양호한 매물들의 정보를 꾸준히 공유받을 수도 있습니다.

지역 공인중개사의 물건 추천

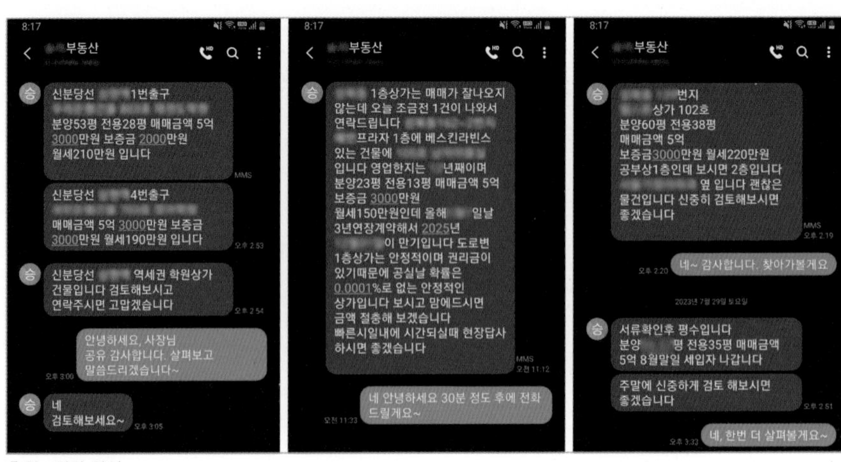

출처 : 저자 작성

그러던 중에 매수를 희망하는 매물을 만난다면, 또한 중개사의 도움을 받을 수 있습니다. 대부분의 계약은 최초 매물가격 그대로 체결되지 않습니다. 적지 않은 금액으로 거래되는 부동산의 특성상 항상 가격 협상의 과정이 수반되기 마련이며, 실제 해당 과정에서 가격 조율이 성사되지 않아 거래가 불발되는 상황도 흔합니다. 매도자는 조금이라도 더 비싼 가격에 팔고자 하고, 매수자는 그 반대 입장에 있기에, 중개사는 해당 상황을 적극적으로 중재하려고 노력하며, 경우에 따라서는 의미 있는 조언을 주기도 합니다.

언젠가 정말 마음에 드는 매물을 찾았으나 매도자와의 가격 조정에서 지나친 줄다리기를 하다가, 결국 감정까지 상한 끝에 거래가 불발된 후회스러운 경험이 있습니다. 그래서 당시 의견이 너무 팽팽하던 때에 담당 중개사가 안타까워하며 전해준 조언이 오랫동안 마음에 남기도 했습니다.

"상가 건물 투자에서 정말 마음에 드는 물건을 만난다는 것은 쉽지 않은 일이다. 그래서 그런 물건을 만났다고 생각되는 때에는, 100만 원, 1,000만 원 때문에 기회를 놓쳐서는 안 된다."

내게 도움이 되는 중개사를 알아볼 수 있어야

물론 중개사의 도움이 항상 긍정적으로만 작용하는 것은 아닙니다. 매도자와 매수자 모두가 만족할 수 있는 거래를 만들어내고자 노력하기보다는 단지 중개 수수료만을 위해 거래 성사 그 자체에만 과도하게 집중해서 결과적으로 매도자 또는 매수자 한쪽에 손해가 발생하는 상황도 있을 수 있습니다.

그러나 반복되는 학습과 경험을 통해 그런 상황들을 충분히 회피할 수 있다면, 임장에서 중개사를 만나고 관계를 만들어두는 것은 더 나은 부동산 거래를 위한 중요한 요소로 작용할 것입니다. 내게 도움을 주는 중개사를 만남으로써 더욱 만족스러운 투자를 시작할 수 있기를 바랍니다.

괜찮은 상가를 찾았다면 깊이 알아봐야 합니다

물건 확인을 위한 첫 단계, 등기부등본 열람

투자 가능성이 보이는 매물들을 추려 임장을 다니다 보면 결국 매수하고 싶은 물건을 만나게 됩니다. 물건을 직접 살펴보고 중개사로부터 관련 정보까지 들은 이후에는 해당 물건을 더욱 상세히 점검하는 시간을 가져야 합니다. 그리고 해당 과정의 첫 번째 단계는 등기부등본의 열람입니다.

등기부등본은 등기사항을 증명하는 문서로, 등기부가 전산화된 이후의 정식 명칭은 등기사항증명서이지만, 여전히 많은 사람이 등기부등본이라 부르고 있습니다. 그리고 앞으로도 부동산 투자를 오랫동안 지속하고자 한다면 이 등기부등본의 각 내용을 이해할 수 있어야 합니다.

등기부등본은 공인중개사 자격증 과목 중 '공시법'에서도 상세한 내용을 다루고 있습니다. 더 간편하게는 유튜브에서 관련된 영상들

을 검색하고 시청하는 방법도 있습니다. 등기부등본의 이해는 상가 투자자라면 반드시 갖춰야 하는 부분이기에 이 책에서도 필수적인 내용 위주로 간략히 살펴보겠습니다.

등기부등본으로 확인할 수 있는 정보들

등기부등본은 부동산의 기본 정보에 더해 소유권과 권리관계를 공식적으로 기록하며, 표제부, 갑구, 을구의 세 영역으로 구성되어 있습니다. 표제부는 해당 부동산의 기본적인 정보를 제공하는 공간으로, 상가 건물 전체의 정보와 개별 구분상가의 정보를 2개의

등기부등본 표제부 1동의 건물의 표시

등기사항전부증명서(현재 유효사항)
- 집합건물 -

고유번호 1353-1996-021830

[집합건물] 경기도 과천시 별양동 1-18 새서울쇼핑 제1층 제5호

【 표 제 부 】 (1동의 건물의 표시)				
표시번호	접 수	소재지번,건물명칭 및 번호	건 물 내 역	등기원인 및 기타사항
5	2019년6월20일	경기도 과천시 별양동 1-18 새서울쇼핑 [도로명주소] 경기도 과천시 별양상가2로 20	철근콘크리트구조 라멘조지붕 지하2층 지상6층 주차장및기계실,판매시설, 근린생활시설(대중음식점) 위락시설(보링장)지역자치 센터,연결복도 지하2층 2444.53㎡ 주차장및기계실 지하1층 2451.555㎡ 기타판매및영업시설 지하1층 94.605㎡ 일반음식점 1층 1981.93㎡ 판매시설 2층 1987.51㎡ 판매시설 3층 1953.9㎡ 판매시설,운동시설 3층 33.61㎡ 제2종근린생활시설(학원) 3층 25.12㎡ 연결복도 4층 1535.47㎡ 판매시설 4층 452.04㎡ 위락시설(유흥주점) 5층 2002.63㎡ (대중음식점),제1종 근린생활시설(지역자치센터) 6층 1270.78㎡ 위락시설(보링장) 6층 731.85㎡ 근린생활시설(대중음식점)	착오발견

열람용

출처 : 등기부등본

영역으로 나누어 표시합니다. 전자에 해당하는 [1동의 건물의 표시] 영역에는 상가 건물의 소재지, 명칭, 구조, 층별 면적 및 용도, 그리고 대지권의 목적인 토지에 관한 기본 사항들이 기재됩니다.

후자에 해당하는 [전유부분의 건물의 표시] 영역에는 개별 구분 상가에 대한 건물 번호, 구조, 면적 그리고 대지권에 관한 정보가 기재되어 있습니다. 그래서 표제부는 매수 대상 물건의 기본적인 정보와 현황을 파악하기 위해 가장 먼저 살펴봐야 하는 부분입니다.

특히 현재 구분상가의 땅에 대한 권리 상태와 그 지분 비율을 설명하는 대지권의 표시가 채워져 있는지를 반드시 확인하기를 바랍니다. 만약 대지권의 표시가 비어 있는 경우라면 대지권을 가지고 있는 구분상가인지 추가 확인이 필요하며, 만약 대지권을 보유하지 못한 경우로 확인된다면 매수하지 않아야 합니다.

등기부등본 표제부 전유부분의 건물의 표시

【 표 제 부 】 (전유부분의 건물의 표시)				
표시번호	접 수	건 물 번 호	건 물 내 역	등기원인 및 기타사항
1 (전 1)	1985년12월31일	제1층 제5호	철근콘크리트조 19.08㎡	도면편철장 제8책제371장
(대지권의 표시)				
표시번호	대지권종류		대지권비율	등기원인 및 기타사항
1 (전 1)	1 소유권대지권		2888분의 6.87	1986년3월6일 대지권 1986년3월15일

출처 : 등기부등본

두 번째 영역은 갑구입니다. 갑구는 소유권에 관련된 내용만을 기록하는 부분입니다. 이곳에는 소유권의 변동 내역, 소유자 정보, 가압류 또는 가처분 같은 소유권에 대한 제한 사항 등이 기재됩니다. 그에 따라 현재 물건의 소유자는 갑구를 통해 확인되므로, 매매계약 체결 시 거래 상대방이 실제 소유자인지를 확인하는 근거로도 활용됩니다.

등기부등본 갑구 소유권에 관한 사항

【 갑 구 】 (소유권에 관한 사항)				
순위번호	등 기 목 적	접 수	등 기 원 인	권리자 및 기타사항
1 (전 3)	소유권이전	1986년3월18일 제23671호	1986년3월13일 매매	소유자 박 ******* ~~서울 동대문구 답십리동~~
				부동산등기법 제177조의 6 제1항의 규정에 의하여 1999년 06월 08일 전산이기
1-1	1번등기명의인표시		2000년11월9일	박 의 주소 서울 동작구 노량진동
	변경		전거	신동아아파트 2001년9월14일 부기
2	소유권이전	2001년9월14일 제11855호	2001년8월1일 매매	소유자 오 ******* 안양시 동안구 평촌동 932-2 꿈마을아파트
3	소유권이전	2002년10월23일 제15426호	2002년9월12일 매매	소유자 이 ******* ~~경기도 안양시 동안구 호계동 918-37 동문연립주택~~

출처 : 등기부등본

마지막 영역은 을구입니다. 을구는 저당권, 전세권, 임차권 등 소유권 외의 권리관계를 기록하는 부분으로, 금융 기관의 담보대출에 따른 저당권 설정 내역 등이 이곳에 포함되며, 이를 통해 해당 부동산에 대한 권리 제한 사항을 파악할 수 있습니다.

등기부등본 을구 소유권 이외의 권리에 관한 사항

【 을 구 】 (소유권 이외의 권리에 관한 사항)				
순위번호	등 기 목 적	접 수	등 기 원 인	권리자 및 기타사항
~~1~~	~~근저당권설정~~	~~2002년1월22일~~ ~~제1357호~~	~~2002년1월22일~~ ~~설정계약~~	~~채권최고액 금90,000,000원~~ ~~채무자 오~~ ~~안양시 동안구 평촌동 932-2 꿈마을아파트~~ ~~근저당권자 중소기업은행 110135-0000903~~ ~~서울 중구 을지로2가 50~~ ~~(과천중앙지점)~~
~~1-1~~	~~1번근저당권변경~~	~~2002년11월29일~~ ~~제17278호~~	~~2002년11월28일~~ ~~계약인수~~	~~채무자 아~~ ~~경기도 안양시 동안구 호계동~~
~~1-2~~	~~1번근저당권이전~~	~~2009년1월29일~~ ~~제865호~~	~~2008년12월23일~~ ~~계약양도~~	~~근저당권자 한국자산관리공사 114671-0023169~~ ~~서울특별시 강남구 역삼동 814~~

출처 : 등기부등본

등기부등본 열람을 통해 물건의 기본 정보와 소유권 및 그 외의 권리관계에 이상이 없는지 상세히 살펴보시길 바랍니다. 물론 매매로 이어지는 때에는, 담당 공인중개사에 의해 등기부등본의 각 내용이 다시 한번 자세히 확인될 것이기에 놓친 부분이 있을지 너무 걱정할 필요는 없습니다. 등기부등본 점검 시 표제부 및 갑구와 을구 모두에 이상이 없었다면, 그다음으로 관심 있게 봐야 할 부분은 해당 건물의 이전 매매가격입니다.

등기부등본을 통해 확인할 수 있는 과거의 매매가격

상가 건물 매매 시 매수자가 가장 궁금해할 사항은 현재 매물의 가격이 적정한지의 여부일 것입니다. 물론 현재 상가의 임차에 기반한 임대료 수익률로 적정가격을 추산한 후, 그것을 매물의 가격과 비교하는 방법이 있습니다. 그러나 또한 현재의 소유자가 해당 물건을 언제, 그리고 얼마에 매수했는지를 확인할 수 있다면 현재 매물가격의 적정성 판단에 도움이 될 것입니다.

이와 관련해 등기부등본의 갑구에 현재 물건의 이전 거래가액이 기재되어 있을 수 있습니다. 2006년 1월 1일부터 시행된 '부동산 실거래가격 신고제'와 동년 6월 1일부터 실시된 '부동산 거래가격 등기부 기재'에 따라, 2006년 이후 거래된 부동산의 경우 등기부등본 갑구에 매매가격이 기재되어야 하기 때문입니다. 그러나 그 이후의 매매인 경우에도 분양 매수인 경우에는 상황에 따라 실거래 신고 대상이 아닐 수 있어 거래가액이 표기되지 않았을 수도 있습니다.

등기부등본 갑구에서 확인할 수 있는 매매가격

순위번호	등 기 목 적	접 수	등 기 원 인	권리자 및 기타사항
11	7번가등기말소	2009년12월21일 제12265호	2009년12월21일 해제	
12	소유권이전	2009년12월21일 제12266호	2009년12월2일 매매	소유자 서 -******* 경기도 과천시 별양동 6 주공아파트 거래가액 금250,000,000원
13	소유권이전	2017년8월21일 제105832호	2017년7월3일 매매	공유자 지분 2분의 1 이 -******* 경기도 과천시 별양로 85, 호 (별양동, 주공아파트) 지분 2분의 1 이 -******* 경기도 과천시 별양로 85, 호 (별양동, 주공아파트) 거래가액 금215,000,000원
14	공유자전원지분전부이전	2021년2월18일 제20017호	2021년1월25일 매매	소유자 손 -******* 경기도 과천시 별양로 12, 337동 호

출처 : 등기부등본

수년 전의 거래가격을 확인할 수 있더라도 그때와 지금의 물가 수준과 경제 상황은 다를 것이므로, 시기 및 환경적 상황을 종합적으로 고려해서 매물가격의 적정성을 검토해야 할 것입니다. 그렇지만 현재의 매도자가 매수한 가격보다 저렴한 가격으로 매물을 등록한 상황이라면, 아무래도 조금은 덜 부담스러운 마음으로 물건에 접근할 수 있을 것입니다.

물론 매물의 가격이 매수 당시보다 낮아진 상황을 반드시 유리하게만 볼 수 있는 것은 아니므로, 그 원인에 대해서도 생각해보는 것이 좋을 것입니다. 보통 상가의 분양 당시, 또는 준공된 지 얼마 지나지 않은 시기에는 오히려 가격에 거품이 껴 있는 경우가 많습니다. 이는 분양 시 상가 건물의 미래가치까지를 분양가에 미리 포함하기 때문이며, 이것이 신축 구분상가에 대한 수분양을 추천하지 않는 이유이기도 합니다.

단순히 물건의 이전 거래의 가격만을 살펴보고자 한다면, 굳이 등기부등본을 열람하지 않을 수 있습니다. 토지와 빌딩, 상가 거래를 위한 온라인 서비스인 디스코(www.disco.re)에서도 개별 구분상가에 대한 거래금액 이력을 제공하고 있기 때문입니다. 그러나 디스코는 해당 건물 구분상가들의 면적별 거래 이력과 거래 대금을 제공하고는 있지만, 상세한 호실 정보 또는 매수자의 인적 정보는 제공하지 않습니다. 그래서 한 층에 같은 면적의 구분상가가 여러 개 있는 건물이라면 대상 물건의 정확한 이력을 찾기 어려울 수 있습니다.

디스코에서 제공하는 구분상가 거래 이력

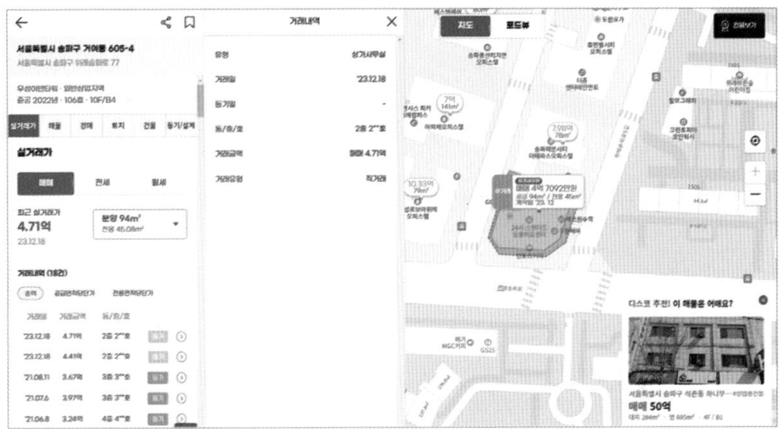

출처 : 디스코(www.disco.re)

물건 내 다른 구분상가들에 대한 등기부등본 열람

그래서 매수 의향이 있는 물건을 더욱 자세히 살피기 위해서는 등기부등본을 열람해야 합니다. 저는 매수 대상 구분상가의 정보를 더 많이 확보하고자, 해당 상가가 위치한 상가 건물 내 전체 구분상가들의 등기부등본을 열람하곤 했습니다. 건물의 각 층과 각 호실의 모든 등기부등본을 열람해 각 구분상가들이 이전에 얼마의 가격에 거래되었는지 살펴보고, 얼마의 저당권이 설정되어 있는지도 살펴봤습니다. 그 과정에서 한 명의 소유자가 여러 호실을 소유하고 있는 모습도 볼 수 있었고, 가족이나 형제가 하나의 상가를 공동 또는 구분소유하고 있는 모습도 볼 수 있었습니다.

그 과정에서 특히 관심 있게 살펴본 것은 각 호실 소유자들의 거주지였습니다. 제게는 해당 상가 건물의 구분상가들을 주로 어느 지역에 거주하는 사람들이 매수해서 보유하고 있는지를 살펴보는 것도 매수 판단에 적지 않은 영향을 주었습니다. 상대적으로 양호한 수준의 부를 축적한 사람들의 판단을 따라간다면 보다 안전한 투자일 수 있겠다고 생각했던 것입니다.

참고로 등기부등본은 인터넷등기소 웹페이지(www.iros.go.kr)에서 물건지 주소를 입력함으로써 간편하게 열람할 수 있습니다. 열람 수수료와 발급 수수료는 모두 1,000원 내외이므로, 하나의 프라자상가 건물 내 모든 구분상가의 등기부등본을 열람하는 것에도 비용적으로 큰 부담이 되지는 않을 것입니다.

건물 자체에 대한 명세를 제공하는 건축물대장

등기부등본에 이어 살펴봐야 하는 것으로는 건축물대장이 있습니다. 건축물대장은 건축물의 준공 여부, 허가 사항, 사용 승인 내역 등 건물의 기본 정보와 용도, 구조, 층수, 면적 등의 내용을 담고 있으며, 특히 불법건축물 여부를 확인할 수 있어 중요합니다.

만약 해당 건축물 자체에 위법한 사실이 있다면 건축물대장의 상단 우측에 노란색 배경으로 '위반건축물' 표시가 표기되며, 건축물대장의 변동사항 영역에 해당의 사유가 기재됩니다. 불법건축물의 경우에는 시정명령과 이행강제금이라는 행정상 제재가 가해지므로, 그 상황

이 쉽게 해결되지 않을 것으로 판단된다면 매수를 재고해야 합니다.

한편 매물이 속한 건물이 불법건축물이라면, 담당 중개사는 관련된 내용을 의무적으로 사전 고지해야 합니다. 또한 계약 과정에서도 중개사는 최신의 건축물대장을 출력해 매수자의 확인을 거쳐야 하므로, 중개사의 물건 안내 과정에서 특별한 언급이 있지 않았다면 건축물대장을 미리 살펴볼 필요까지는 없습니다.

그럼에도 건축물대장을 미리 살펴보고자 한다면 '정부24 웹페이지(www.gov.kr)'와 국토교통부가 운영하는 '부동산거래 전자계약시스템(https://irts.molit.go.kr)'을 통해서 손쉽게 열람할 수 있습니다.

정부24 건축물관리대장 등·초본 열람/발급 신청 화면

출처 : 정부24

상가의 과거 모습을 제공하는 지도 서비스

투자 대상 매물을 더욱 깊이 살펴보기 위한 방법으로, 등기부등본이나 건축물대장과 같은 공적 문서의 열람에 더해, 네이버지도 및 카카오맵과 같은 일반 인터넷 서비스를 이용하는 방법이 있습니다. 그들을 통해 해당 매물 및 상가 건물의 과거 모습을 확인할 수 있기 때문입니다.

네이버와 카카오는 지도 서비스의 사용자들이 실제 거리의 사진을 참고하며 장소를 탐색할 수 있도록 각각 거리뷰와 로드뷰라는 이름의 기능을 제공하고 있습니다. 그런데 거리의 모습은 시간에 따라 변화하기 마련이므로, 그들은 최신의 모습을 제공하기 위해 같은 장소를 일정 시간 경과 후 다시 촬영하기를 반복합니다. 그렇게 반복되는 촬영으로 인해, 특정 상가 건물에 대한 과거부터 현재까지의 모습들을 모두 살펴볼 수 있게 됩니다.

네이버지도의 거리뷰

네이버지도의 거리뷰 서비스는 2010년부터 제공되기 시작해 해당 시점부터의 거리 및 상가 건물 모습을 확인할 수 있습니다. 물론 모든 지역에서 동시에 촬영이 진행된 것은 아니기에 지역에 따라 확인 가능한 시간 범위는 다를 수 있습니다.

거리뷰 기능을 이용하기 위해 PC에서 브라우저를 실행합니다. 브라우저에서 네이버지도를 열고 지도 내에서 대상 건물이 있는 곳으로 이동한 후, 화면 우측 기능 목록 메뉴에서 [거리뷰] 버튼을 클릭합니다. 이후 지도에는 거리뷰로 살펴볼 수 있는 위치가 보라색으로 표시되며, 마우스 커서에는 핀 아이콘이 적용됩니다.

네이버지도의 거리뷰 모드

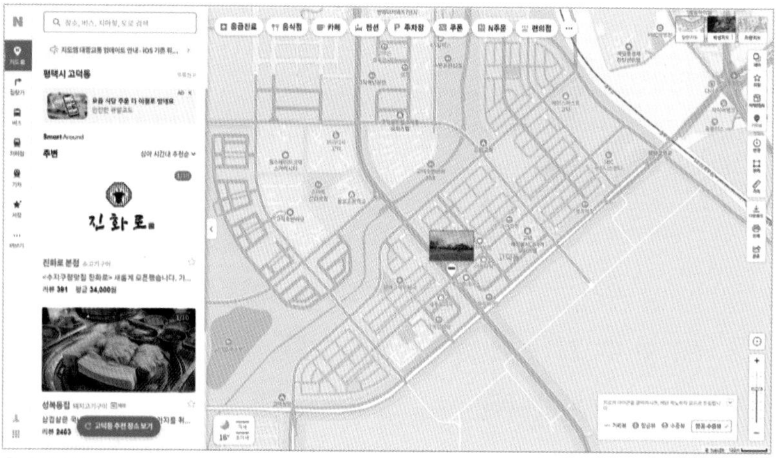

출처 : 네이버 지도

네이버지도의 거리뷰에서 보이는 모습

출처 : 네이버 지도

보라색 거리에서 살펴보기를 원하는 위치로 마우스 커서를 이동한 후 클릭해 해당 위치의 거리 모습을 살펴봅니다. 화면에서 거리의 모습이 보이는 상태에서, 이미지의 특정 지점을 클릭해 그곳으로 빠르게 이동할 수 있습니다.

카카오맵의 로드뷰

카카오맵의 로드뷰 서비스는 네이버지도보다 1년 앞선 2009년부터 다음 로드뷰라는 이름으로 제공되었기에 최대 2009년의 모습부터 확인할 수 있습니다. 로드뷰 서비스를 이용하기 위해 PC 브라우저에서 카카오맵을 열고, 지도 내에서 대상 매물이 있는 지역으로 이동한 후, 화면 우 상단 카메라 모양의 아이콘을 클릭해 [로드뷰] 모드로 전환합니다.

카카오맵의 로드뷰 모드

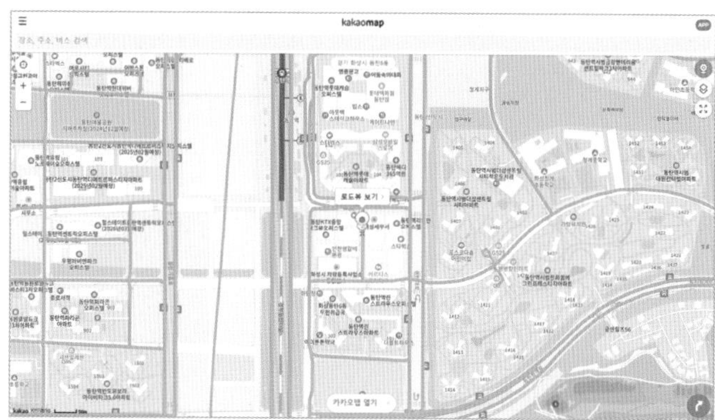

출처 : 카카오맵

이후 로드뷰 모드에서 살펴볼 수 있는 거리가 파란색으로 표시됩니다. 카카오맵의 로드뷰에서는 마우스로 위치를 설정하는 대신, 화면 중앙에 카메라 모양의 아이콘이 고정된 상태에서 지도를 이동해 위치를 지정합니다. 위치를 선택하고 아이콘 위에 표시되는 [로드뷰 보기] 버튼을 클릭하면 해당 위치의 거리 모습을 확인할 수 있습니다.

카카오맵의 로드뷰에서 보이는 모습

출처 : 카카오맵

네이버와 카카오는 거리의 모습들을 각각 촬영하고 있기에, 특정 상가 건물의 과거 모습을 더욱 다양하게 살펴보고자 원한다면 두 서비스 모두를 이용해보는 것이 좋습니다. 같은 시기에 촬영된 모습이라 하더라도 촬영 구도는 다르기 마련이며, 촬영 상황에 따라 대상 건물이 구조물 등에 가려진 경우가 흔하기 때문입니다.

거리뷰 및 로드뷰로 현재와 과거의 모습을 점검

특정 장소에서 제공되는 연도의 목록과 그 연도별 사진에서 보이는 다양한 계절로 짐작해보면, 두 서비스가 특정 장소를 정해진 주기로 촬영하는 것은 아닌 것으로 보입니다. 그래서 두 서비스에서 여러 연도의 사진들을 참고하다 보면, 대상 상가 건물의 봄, 여름, 가을, 겨울, 모든 계절에서의 모습도 살펴볼 수 있습니다.

네이버 거리뷰에서 확인할 수 있는 과거 시점 목록

출처 : 네이버 지도

특히 가로수의 모습은 계절에 따라 크게 달라지는데, 가로수는 상가의 가시성에 큰 영향을 주는 부분이니 꼼꼼히 살펴볼 필요가 있습니다. 가로수가 풍성하게 자란 여름에 상가의 전면 또는 간판을 어느 정도로 가리는지를 확인하고, 잎이 모두 떨어진 겨울에 상가의 전면 및 간판이 어느 정도로 노출되는지도 확인합니다.

한 프라자상가 건물의 2023년 3월 모습

출처 : 네이버 지도

같은 프라자상가 건물의 2010년 5월 모습

출처 : 네이버 지도

가로수 이상으로 중요하게 살펴봐야 할 것은 시간의 변화에 따른 상권의 모습입니다. 넓게는 매물이 위치한 상가 건물 전체를 살펴보는 것이 좋습니다. 과거부터 현재까지 해당 상가 건물에 어떤 업종들이 임차되었었는지, 그리고 그들은 얼마나 오래 머물고 있는지, 어떤 모습과 주기로 업종들이 변화했는지를 살펴봐야 합니다. 건물 내 여러 구분상가에서 임차가 지나치게 자주 변경된 것이 확인된다면, 건물 자체의 상권이 충분하지 못한 것을 의미하는 것일 수도 있습니다.

상가 건물의 상권과 구분상가의 과거를 모두 점검

그렇게 긴 시간 동안 임차 업종 변화를 살피다 보면, 해당 상가 건물의 상권이 성장하고 있는 상태인지, 또는 쇠락하고 있는지를 확인할 수 있습니다. 예로 상가 분양 초기 우량 프랜차이즈들이 대거 입점했으나 시간이 경과하며 그들이 모두 떠난 것을 확인하게 된다면, 이는 아마도 긍정적인 신호는 아닐 것입니다.

물론 해당 지역의 상권은 분양 당시와 다름없이 안정적이지만, 주변의 신규 상가 분양 등 외부적 요인에 따른 변화일 수 있습니다. 그럼에도 우려되는 부분이 있다면, 조금 더 범위를 넓혀 주변 상가 건물들의 변화까지도 살펴보는 것이 상황 분석에 도움이 될 것입니다. 물론 주변 건물들의 상황도 크게 다르지 않았음을 확인하게 된다면 매수에 더욱 보수적으로 접근하는 것이 좋습니다.

마지막으로 현재 매수를 검토 중인 구분상가를 대상으로 시간에 따른 변화를 살펴봐야 합니다. 관찰 가능한 전체 기간에서 어떤 업종이 임차했었는지, 임차한 상가는 얼마나 오랫동안 임차를 유지했었는지, 임차 업종은 계속 변경되었는지, 공실은 있었는지, 있었다면 얼마나 길었는지를 매우 세심하게 살펴볼 필요가 있습니다. 긴 기간 동안 단일한 임차가 유지되는 모습을 확인할 수 있었다면 이는 제법 안정적인 상권을 가지고 있는 것으로 볼 수 있을 것이며, 반대로 임차 업종이 지속적으로 변경되었거나, 오랫동안 공실이 발생했음을 확인하게 되었다면, 그 원인이 무엇이었는지 반드시 확인해봐야 할 것입니다.

인터넷에서 과거의 분양 광고 검색

앞서 분양 시기로부터 10년 내외가 경과된 상가의 매수를 추천했습니다. 10년이라는 시간은 각 구분상가 대부분에서 한두 번 이상의 임차가 변경된 시기로, 적정한 임대료 시세가 대략 맞춰진 상황이기 때문입니다. 그래서 과하게 비싼 가격으로 상가를 매수하는 상황을 방지할 수 있고, 매수 이후로 10년을 추가로 보유하더라도 상가의 연식은 20년 내외가 되기에, 매도에서도 연식에 따른 부담이 적습니다.

분양 광고를 통해 분양 당시의 분위기와 분양가 확인

분양한 지 10년 정도 경과한 상가라면 분양 홈페이지는 이미 사라지고 없을 것이지만, 분양에 관한 기사나 광고, 그리고 관련 포스팅은 아직도 찾아볼 수 있을 가능성이 큽니다. 보통 프라자상가 건물이 준공되면 분양을 위한 홍보용 보도자료가 각종 경로를 통해 배포됩니다. 이들은 인터넷 신문의 기사로 게시되기도 하며, 또는 인근 중개사무소에서 운영하는 블로그나 카페 등에 분양 정보

로 게시되어, 여전히 인터넷에 남아 있게 됩니다.

네이버 블로그에서 검색되는 10년 전의 분양 광고

영종 하늘신도시 타임프라자! 영종도 분양소식

2014. 3. 6. 10:40

https://blog.naver.com/80985711091

★영종도 중심 상권 하늘도시 프라자 상가 2014년 6월 준공 예정★

[타임프라자(TIME PLAZA)] 분양 / 임대 안내합니다

건축개요

대지위치	인천시 중구 중산동 1882-12
지역지구	중심 상업 용지
용 도	제1,2종 근린 생활 시설
도로현황	40M , 15M도로와 20M 보행자 도로와 접한 대지
구 조	철근콘크리트조
대지면적	1,093.00 ㎡
연 면 적	6,590.17 ㎡
건축면적	653.67 ㎡
건 폐 율	59.81 % (법정 : 60%)
용 적 율	436.09 % (법정 : 600%)
건축규모	지하 2층 / 지상 8층
주차대수	49 대

출처 : 저자 작성

이것들을 참고하면 해당 상가 건물이 분양될 때의 시장 분위기를 참고할 수 있고, 당시 투자자들에게 주요하게 내세우는 장점이 무엇이었는지도 살펴볼 수 있습니다. 지역의 예정된 개발 계획을 강조하며 투자를 유도하는 것은 전형적인 홍보 방법이기에, 그들을 통해 분양 당시 기대하던 계획을 확인할 수도 있습니다. 그런 계획들이 현시점 실현이 되었는지, 또는 그렇지 못한지를 살펴보는 것은 해당 물건을 더욱 폭넓게 이해하는 것에 도움이 될 것입니다.

또한 분양 광고를 통해 확인할 수 있는 중요한 정보로는 분양가가 있습니다. 그들을 통해 당시의 구분상가별 분양가는 어떠했는지, 어떤 분양 조건 및 혜택들이 있었는지, 당시의 분양 상황은 어떠했는지, 장기 미분양에 따른 할인 분양은 있었는지 등의 세세한 사정을 살펴볼 수 있는 경우가 많습니다.

분양 당시 시장 분위기 및 인근 지역 개발 계획

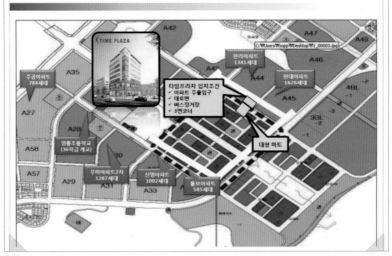

최근 연이은 개발 호재로 투자의 중심에 우뚝 서있는 **영종도!!**
그 중에서도 **태풍의 핵**이라고 할 수 있는 **영종하늘도시의 상가 분양!!**
다음과 같은 사업으로 타임프라자는 **비교 불가 최고의 투자처**라고 판단할 수 있습니다.

★ 인천공항 **제2여객터미널 4단계 건설** 사업 추진 ★
★ 영종도 매립부지에 여의도보다 큰 **드림아일랜드 사업** 추진 ★
★ 영종도 **미단시티 카지노 복합리조트 건설 사업** 추진 ★
★ 대한항공 영종하늘도시 **보잉사 합작 운항훈련센터** 건립 ★

타임프라자 현장위치도

출처 : 저자 작성

게다가 앞서 언급했듯, 2006년 이후의 거래는 등기부등본에 거래가액이 표시되어야 하나, 분양으로 거래된 경우에는 등기부등본에도 거래가액이 표시되지 않습니다. 그래서 현재의 매도인이 수분양자였다면, 그가 얼마의 가격으로 해당 물건을 매수했는지를 공부상 확인하기는 어려운 상황입니다.

분양광고에서 확인되는 호실별 분양가와 예상 임대료

타임프라자(TIME PLAZA) 층별 분양가 및 보증금&임대료

분양가

	호수	전용면적		분양면적		대지지분	평당가 (만원)	분양가격 (만원)	보증금 (만원)	임대료 (만원)
		㎡	평	㎡	평					
4층	401	113.31	34.28	201.26	60.88	33.31	650	39,572	5,000	217
	402	117	35.39	207.79	62.86	34.40	700	44,002	5,000	244
	403	170.3	51.53	302.48	91.38	50.07	600	54,828	5,000	314
	404	105.3	31.85	187.05	56.42	30.96	600	33,852	5,000	167
	소계	505.91	153.05	898.58	271.54	148.74	2,550	172,254	20,000	942
5층	501	113.31	34.28	201.26	60.88	33.31	650	39,572	5,000	217
	502	117	35.39	207.79	62.86	34.40	700	44,002	5,000	244
	503	170.3	51.53	302.48	91.38	50.07	600	54,828	5,000	314
	504	105.3	31.85	187.05	56.42	30.96	600	33,852	5,000	167
	소계	505.91	153.05	898.58	271.54	148.74	2,550	172,254	20,000	942
6층	601	113.31	34.28	201.26	60.88	33.31	650	39,572	5,000	217
	602	117	35.39	207.79	62.86	34.40	700	44,002	5,000	244
	603	170.3	51.53	302.48	91.38	50.07	600	54,828	5,000	314
	604	105.3	31.85	187.05	56.42	30.96	600	33,852	5,000	167
	소계	505.91	153.05	898.58	271.54	148.74	2,550	172,254	20,000	942
7층	701	113.31	34.28	201.26	60.88	33.31	650	39,572	5,000	217
	702	117	35.39	207.79	62.86	34.40	700	44,002	5,000	244
	703	170.3	51.53	302.48	91.38	50.07	600	54,828	5,000	314
	704	105.3	31.85	187.05	56.42	30.96	600	33,852	5,000	167
	소계	505.91	153.05	898.58	271.54	148.74	2,550	172,254	20,000	942
8층 분양 완료										

출처 : 저자 작성

물론 매도자에게 분양가를 직접 문의하는 방법도 생각할 수 있습니다. 그러나 수분양가격 대비해 현시점의 매물가격이 낮거나 높은 모든 경우에서, 그것을 묻고 답한다는 것은 서로에게 편치 않은 부분일 것입니다. 그래서 인터넷을 통해 해당 상가의 분양가 및 당시의 정보들을 미리 참고할 수 있다면, 더욱 객관적인 매수 판단에 도움이 될 것입니다.

과거의 프라자상가 분양 광고를 찾는 방법

대상 구분상가의 건물이 일정 수준 규모를 갖춘 프라자상가라면, 인터넷 검색을 통해 관련 기사 및 블로그와 카페의 포스팅을 적지 않게 찾을 수 있을 것입니다. 블로그와 카페는 네이버의 서비스가 주로 활용되고 있기에 과거의 분양 광고 검색 및 확인은 네이버 검색을 추천합니다.

검색 시 검색 키워드를 잘 설정하면 보다 정확한 검색 결과를 확인할 수 있습니다. 대상 구분상가가 위치한 상가 건물이 영종도에 위치해 있고 상가 건물의 이름이 '타임프라자'였다면, 네이버 검색창에 다음과 같은 키워드로 검색할 수 있습니다.

과거의 프라자상가 분양 광고 검색 결과

출처 : 네이버

구분상가는 이렇게 매수합니다

상가 매수계약에서의 각 과정

임장을 통해 상가 건물과 대상 구분상가를 실제로 살펴보고 관련된 자료까지 모두 확인한 후 매수 판단이 완료된 때에는, 계약 과정을 본격적으로 시작해야 합니다.

매매가격 조정

매수를 결심하면 담당 공인중개사에게 매수 의사를 전달하게 되며, 이때 등록된 매물가격 그대로 매수하는 때에는 바로 계약이 진행될 수 있습니다. 그러나 대부분의 상가 매매에서는 가격 조율의 과정을 거치게 됩니다. 이렇게 가격 조율이 발생하는 이유로 부동산의 주요 속성 중 하나인 '개별성'을 떠올릴 수 있습니다. 개별성이란, 부동산이 각각의 고유한 특성으로 다른 부동산과 동일하지 않다는 개념을 의미합니다. 그런데 상가는 이런 개별성이 아파트와 같은 부동산보다 도드라지기에 가격의 객관적 판단이 어렵고, 그에 따라 가격 조율의 과정은 더욱 흔하게 발생하는 것입니다.

그래서 매수자는 보통 매수의 의사와 함께 매수를 희망하는 가격을 중개사에게 전달하고, 중개사는 해당의 내용을 매도자에게 전달해 조정된 가격에서의 매도 의사를 확인하게 됩니다. 물론 가격 조정의 여지를 전혀 주지 않는 매도자도 있습니다. 그리고 그런 경우는 대부분 끝까지 조정이 가능하지 않았습니다. 그래서 해당 상황에 매수자가 가격 조정을 고집하는 경우에는 결국 그 물건의 거래는 성사되지 못하는 상황으로 흘러가곤 합니다.

그러나 대체로는 가격 조정 의견을 몇 차례 주고받는 상황이 시작됩니다. 5억 원의 매물이 등록된 경우를 예로 들자면, 매수자는 가격 조정 한계를 미리 고려해 4억 5,000만 원이라는 다소 과감한 수준의 조정을 요구할 수 있을 것입니다. 이에 매도자는 1,000만 원을 할인한 4억 9,000만 원까지는 조정해줄 수 있다는 답변을 하고, 매수자는 다시 그 가격에서 1,000만 원을 추가로 조정해준다면 바로 계약하겠다는 최종 의견을 전달하는 식입니다.

물론 이는 예시일 뿐이며, 누구나 매수 시점에 놓인다면 어느 수준의 가격 조정을 요구해야 할지 고민하게 됩니다. 그러나 아쉽게도 상가 매매에는 너무도 다양한 상황들이 존재해 정해진 기준이나 답이 있을 수 없습니다. 다만 공실이었다거나, 임장에서 작지 않은 흠결을 발견했거나, 또는 상권에 좋지 않은 변화가 예정되어 있다거나 하는 경우에는 어느 정도 조정의 여지가 있을 것입니다.

한편 특별한 사정이 있는 것은 아니어서 매도를 여유 있게 진행하는 경우도 많습니다. 상가는 아파트와 같이 환금성이 좋지 않음을 잘 인지하고 있는 소유자들은 긴 시간이 소요될 것을 감안해 매도에 임하기 때문입니다. 그래서 매수자가 너무 큰 수준으로 가격을 조정하려고 하는 경우, 매도자는 차라리 더 기다려 제값을 받고 팔겠다는 생각으로 제안을 거절하는 상황도 흔히 발생합니다.

그래서 가격 조정 시 단순히 희망가격을 요구하는 것보다는, 명확한 조정 근거와 함께 조정을 요구하는 것이 받아들여질 가능성이 크다는 것을 기억해야 합니다. 그럼에도 '정말 이 물건이다' 싶은 생각이 드는 경우라면, 과도한 가격 조정 요구로 매수 기회를 영영 잃어버릴 수 있음을 상기해 매수자가 받아들일 수 있는 합리적인 수준으로 가격 조정에 임해야 할 것입니다.

가계약 체결

매매가격에 합의한 때 곧바로 계약을 진행할 수 있다면 좋겠지만, 계약서 준비에는 시간이 소요됩니다. 그래서 그동안 해당 물건을 잡아두기 위해 소정의 대금을 지급하며 가계약을 진행하게 됩니다. 이때의 소정 대금이란, 100만 원과 같은 임의의 금액 또는 계약금의 10% 수준 등 다양하게 결정될 수 있습니다.

가계약은 정식계약인 본계약을 체결하기 이전에 계약 당사자들간의 합의를 바탕으로 이뤄지는 임시적인 계약입니다. 실무에서 빈번히 사용되는 계약의 형태로 법적 구속력을 가질 수도 있지만, 정식계약보다는 구속력이 약하다고 볼 수 있습니다. 그래서 가계약 상태에서의 계약 파기 상황을 궁금해하는 경우가 많습니다. 내가 계약을 파기한 경우 내가 전달한 가계약금을 돌려받을 수 있는지, 또는 상대방이 계약을 파기한 경우 내가 가계약금 이상을 배상받을 수 있는지에 대한 부분입니다.

이를 알기 위해서는 먼저 계약금을 살펴볼 필요가 있습니다. 민법상 계약금은 해약금, 증약금, 이행보증금, 대금의 일부와 같은 여러 성격을 가지고 있습니다. 이 중 해약금은 계약 당사자 일방이 계약을 이행하지 않기로 결정했을 때, 계약을 해제하는 수단으로써의 활용을 의미하는 것으로, 이 성격으로 인해 계약금을 포기하거나 두 배로 배상해서 계약을 파기할 수 있습니다(민법 제565조 제1항 및 제567조). 그러나 가계약에 대해서는 민법이나 다른 법률에서도 명시적인 규정이 없기에 민법에서 말하는 계약금에 해당하지 않아, 해약금으로써의 활용 여부에 모호함이 발생합니다.

그래서 향후 본계약까지 확실히 진행하고자 마음을 먹었다면, 가계약 시 '가계약금을 계약의 해약금으로 한다'라는 내용의 합의를 문자 등을 통해 기록으로 남기면 됩니다. 설령 가계약금을 해약금으로 한다는 합의가 없었더라도, 가계약 당시 매매 목적물과 매매 대금을 특정하고 중도금 지급 방법에 대한 합의가 있던 경우에는 해당 매매계약이 성립되었다고 판단될 수 있습니다(대법원 선고. 2005다39594 판결).

그래서 이처럼 가계약금이 계약금의 성격을 띠는 상태에서의 매매계약 취소는 서로에게 큰 부담으로 작용하게 됩니다. 예로 3억 원의 물건에 대해 300만 원의 가계약금이 전달된 때에는 300만 원의 포기나 600만 원 배상으로는 매매계약의 취소가 불가능하고, 본계약금에 기준해 2,700만 원을 추가로 보내거나 3,300만 원을 배상해야 매매계약의 취소가 가능하기 때문입니다. 이는 해약금의 기준이 되는 금원은 실제 교부받은 계약금이 아니라 약정된 계약금이라고 보기 때문입니다(대법원 선고. 2014다231378 판결).

반대로 가계약 시 위와 같은 합의들이 없었다면 가계약금은 단순한 부당이득으로 간주되기에, 변심이 발생한 경우 상대방에게 가계약금 반환을 요청하는 내용증명을 보냄으로써 나의 계약 파기 시에는 가계약금을 반환받을 수 있고, 상대방의 파기 시에도 단지 해당 금액만을 반환받을 수 있게 됩니다.

본계약 체결

담당 공인중개사는 본계약에 필요한 준비사항에 대해 당사자 양측에 상세한 안내를 제공합니다. 그리고 본계약 당일에 계약 과정이 빠르게 완료될 수 있도록, 본계약 이전에 매도자와 매수자 양측의 의견을 확인하고 반영해서 계약서를 작성해둡니다. 매매계약 체결의 경험이 많은 중개사들은 계약서 작성을 위해 사전 준비된 서식화된 매매계약서를 활용합니다.

계약서에는 서식화된 내용 이외에도 현재 매매에만 해당하는 합의를 특약으로 기재합니다. 특약에는 주로 원상복구, 포괄양수도, 근저당 말소, 국세 및 지방세 납부증명서 첨부 등에 관한 내용이 기재되나, 상황에 따라 필요한 부분이 있다면 함께 추가합니다. 계약서 작성 과정에서 중개사가 많은 도움을 주지만, 실제 계약 체결의 당사자인 매수자 스스로 계약서를 꼼꼼히 검토해야 한다는 점을 기억해야 합니다.

계약 당일 매수자는 신분증, 주민등록등본, 인감도장, 인감증명서 그리고 계약금을 준비합니다. 그리고 계약일에 계약금 전액의 이체가 가능하도록 이체한도를 미리 확인하고 조정해두는 것이 필요합니다. 계약 당일 매도자도 신분증, 주민등록등본, 인감도장, 인감증명서를 준비해올 것입니다. 물론 등기부등본과 건축물대장도 필요한 문서지만, 이것들은 보통 중개사가 준비하게 됩니다.

계약 당일 기준의 등기부등본으로 물건의 소유권, 근저당권, 가압류 등의 권리관계를 한 번 더 확인해야 합니다. 그리고 건축물대장을 통해 상가의 법적 상태 또한 계약 당일을 기준으로 한 번 더 점검합니다. 그리고 임차인이 이미 있는 경우에는 임대차계약서 및 그 내용을 꼼꼼히 확인하고 임대차보호법상의 권리와 의무를 중개사와 함께 검토하기를 바랍니다. 임차인 승계 여부와 임대료 및 보증금의 파악도 필요합니다. 이들 모든 항목에서 문제의 소지가 없다면 중개사의 도움과 함께 본계약을 진행합니다.

잔금 및 소유권 이전

매매 상황에 따라 잔금 및 소유권 이전일이 도래하기 전에 중도금 지급이 필요한 경우가 있습니다. 중도금 지급이 필요한 경우, 계약서에 금액 및 지급 일자를 명시하고 그에 따라 지급하면 됩니다.

잔금일에 매수인은 신분증, 인감, 인감증명서 그리고 잔금을 준비합니다. 잔금은 잔금일 당일에 바로 이체 및 확인하므로 역시 전액의 이체가 가능하도록 이체 한도를 미리 확인해두는 것이 좋습니다. 그리고 상가를 담보로 대출을 받은 경우에는 은행의 대출 담당자에게 연락해 대출의 실행을 요청합니다. 보통은 대출 담당자가 사전 공유받은 매매계약서를 참고해 매도자의 계좌로 직접 대출금을 입금합니다. 또한 잔금일에는 잔금 외에도 소유권 이전을 위한 취득세, 지방교육세, 농특세, 등록세 및 관련 부가 비용, 법무사수수료, 중개수수료 등 다양한 추가 비용이 있으니 이들에 대한 준비도 필요합니다.

잔금일에 매도인은 신분증, 인감, 인감증명서, 등기권리증 또는 등기필증, 국세 및 지방세 납세증명서, 관리비 완납증명서, 임대차 계약서 원본, 구분상가의 현관 열쇠 등을 준비해올 것입니다. 이처럼 매도인이 준비한 여러 서류를 중개사와 함께 꼼꼼히 확인해볼 필요가 있습니다. 매도자가 미납한 세금이나 공과금이 있는지를 반드시 확인하고, 문제가 있는 경우에는 해결 방안을 논의하고 합의합니다. 보통 잔금일에는 담당 법무사도 참석하게 됩니다. 그래서 등기권리증 및 등기필증은 담당 법무사가 꼼꼼히 확인한 후 소유권 이전 등기를 위해 수취하고, 이후 모든 절차가 완료된 때에 등기우편 등으로 반환하게 됩니다.

법무 비용

상가를 매수한 경우에는 매매 대금 외에 법무 관련 추가 비용이 발생합니다. 법무 비용은 크게 취득세와 등록세, 그리고 법무사 수수료로 구분할 수 있습니다. 취득세에는 취득세와 교육세, 그리고 농특세 등이 포함됩니다. 매매가를 기준으로 취득세는 4%이며, 교육세는 0.4%, 농특세는 0.2%입니다. 전체를 합하면 매수가의 4.6%에 해당하는 금액이니 다소 부담되는 수준이기도 합니다.

등록세에는 소유권 이전 등기를 위한 수수료와 인지대, 증지대를 포함하는 공과금 비용, 그리고 국민주택채권의 매입과 매도에 따른 할인 비용이 포함됩니다. 국민주택채권은 정부가 국민주택기금을 조성하기 위해 발행하는 채권으로, 부동산 거래 과정에서 일정 기준에 해당하면 의무적으로 매입하게 되어 있습니다. 국민주택채권의 매입 비율은 시기와 지역, 그리고 거래 대금에 따라 다릅니다. 보통은 매입 채권의 보유를 원치는 않기 때문에 할인된 가격으로 즉시 환매하게 되며, 이 과정이 등록세 내에서 가장 큰 비용이 발생하는 부분이기도 합니다.

법무사 수수료는 법무사가 제공하는 용역에 대한 비용으로, 보통 취득세의 2~3% 범위로 볼 수 있으나 조건 및 상황에 따라 달라질 수 있어 법무사와의 확인이 필요합니다. 이상의 취득세 및 등록세, 그리고 법무사 수수료 모두를 포함한 법무 비용은 담당 법무사가 제공하는 비용내역서를 참고해 법무사에게 지불합니다.

중개수수료

상가의 중개수수료율은 매매와 임대차 모두 동일하게 거래 대금의 0.9% 이내에서 의뢰인과 공인중개사가 협의해서 정할 수 있도록 되어 있습니다. 그러나 0.9%의 요율이 그대로 적용되는 경우가 많으며, 통상적으로 잔금까지 모두 완료된 이후에 지불하게 됩니다. 수수료 지불 시 0.9% 요율이 계산된 금액의 10%에 해당하는 부가가치세 또한 추가로 지불합니다.

상가 건물을 담보로 대출받기

상가를 매수하는 때에 자본이 충분한 경우에도 수익률 레버리지를 위해 담보대출을 받는 경우가 많습니다. 앞서 수익률을 설명한 장에서 살펴봤듯이, 담보대출 금리가 임대료 수익률보다 낮은 경우에는 대출을 받는 것이 총수익률 측면에서 유리합니다.

그러나 담보대출을 원하는 만큼 받을 수 있는 것도 아닙니다. 바로 담보대출의 한도를 제한하는 LTV(Loan to Value, 담보인정비율)가 있기 때문입니다. 정부가 주택담보대출에 대한 LTV를 제한하기도 하지만, 시중의 개별 은행도 내부 기준에 따른 LTV를 가지고 있습니다. 경기가 좋은 때에는 70~80%의 LTV를 적용하는 경우도 있지만, 상황이 좋지 않은 때에는 50% 내외의 낮은 비율이 적용될 수 있으므로 은행에서의 확인이 필요합니다. 다만 매수금액의 50% 이상을 대출받게 된다면 금리 상황에 따라 적지 않은 경제적 부담을 받을 수 있기 때문에, 안정적인 투자를 계획한다면 과도한 수준의 대출은 지양하는 것이 좋을 것입니다.

낮은 금리는 발품으로 찾아야

상가를 매수하며 사업자 담보대출을 받는 과정에서 가장 중요하게 얻고자 하는 것은 바로 낮은 금리일 것입니다. 기본적으로 시중의 금리는 한국은행의 기준금리로부터 영향을 받지만, 은행별로 대출자에게 적용하는 가산금리가 다르며 조건과 시기도 금리에 영향을 주기 때문에 가장 낮은 금리를 제시하는 은행을 찾는 것은 중요할 수밖에 없습니다.

그런데 그런 은행을 찾는 가장 효과적인 방법은 바로 발품을 파는 것입니다. 동일한 대출자가 동일한 물건을 담보로 대출받는 경우 1금융권 은행 내에서도 1% 이상의 금리 차이가 발생하기도 합니다. 1억 원의 1%는 100만 원에 해당하므로 대출 기한을 3년으로 잡는다면 결코 적은 금액은 아니게 됩니다.

매매계약서의 내용을 기초로 은행의 대출 심사가 진행되므로 매매계약이 체결된 이후, 될 수 있으면 많은 은행을 방문해서 대출 상담을 받아야 합니다. 중개사무소가 안내해주기도 하는 대출 상담사를 통해 비교 견적 서비스를 받는 방법도 있습니다. 이 경우에는 필요 서류를 온라인으로 전달할 수 있어 시간을 절약하게 됩니다. 이렇듯 직접 발품을 팔고 또한 대출 상담사의 서비스까지 이용해본다면 아쉽지 않은 수준의 금리로 대출을 받을 수 있습니다.

여러 은행에서 대출 심사를 받다 보면 은행들이 요구하는 증빙자료의 다양함을 알 수 있습니다. 예로 근로소득 원천징수 영수증을 요구하는 곳도 있고, 그렇지 않은 곳도 있습니다. 또한 절차가 까다로운 곳도 있고 아닌 곳도 있으며, 심사 기간이 짧은 곳도 있고 긴 곳도 있습니다. 그래서 한 은행에서의 상담이 너무 부담스러웠더라도, 발품을 유지하며 또 다른 은행을 방문해보길 바랍니다.

고정금리와 변동금리

모든 은행에서의 심사가 완료된 후 최저 금리를 제시하는 은행에서 대출을 실행하게 됩니다. 그런데 그 과정에서 한번은 고민하게 되는 부분이 있습니다. 바로 고정금리와 변동금리 간의 선택입니다. 물론 앞으로 금리가 내려갈 것 같으면 변동을 선택하고, 올라갈 것 같으면 고정을 선택하면 됩니다. 다만 앞으로 금리가 오를지 내릴지의 예측이 쉽지 않다는 부분이 문제일 것입니다. 그러나 최근 16년간의 한국은행 기준금리 변동을 참고해본다면, 기준금리가 2% 아래로 내려간 시기는 고정금리로 대출을 받기에도 양호한 시기라 판단해도 무리가 없을 것으로 보입니다.

일반적으로 고금리 시대에는 앞으로 금리가 낮아질 가능성이 크기에 변동금리보다는 고정금리가 낮고, 저금리 시대에는 금리가 높아질 가능성이 크기에 변동금리보다 고정금리가 높습니다. 현재가 고금리 시대인지 저금리 시대인지 판단하기 어렵다면, 이렇게 변동금리와 고정금리 간의 우위를 통해 시장이 바라보는 현재 금리에 대한 눈높이를 살펴볼 수 있습니다.

2008년 이후로의 한국은행 기준금리 변동

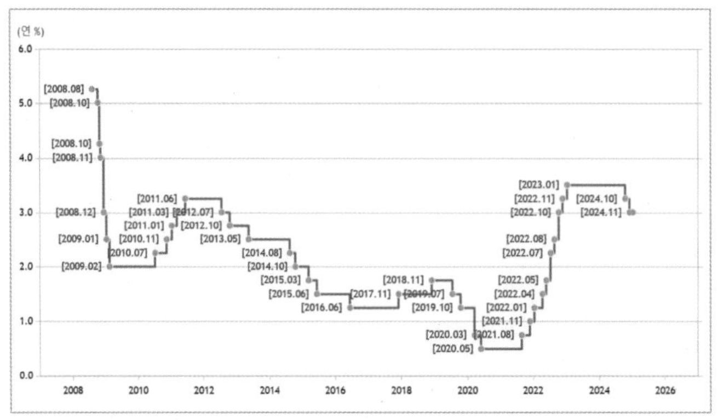

출처 : 한국은행

변동금리를 선택한 경우에는 3개월 또는 6개월 등 변동의 기준 기간을 선택해야 합니다. 변동금리를 선택했다는 것은 앞으로 금리가 내려갈 것을 기대한다는 의미일 것입니다. 한발 더 나아가, 금리가 빠르게 내려갈 것으로 기대한다면 나의 대출 금리도 빠르게 따라 내려가야 할 것이므로 짧은 변동 기간인 3개월 변동을 선택하면 됩니다. 다만 반대로 금리가 올라가는 상황을 만나게 된다면, 나의 대출 금리도 빠르게 따라 올라갈 것이므로 모든 상황을 고려한 판단이 필요합니다.

대출계약 기간

대출계약 기간도 선택해야 합니다. 그러나 은행별로 각자의 대출 계약 기간을 제시하기도 하므로 대출 은행을 선택할 때, 금리에 더불어 대출 기간도 함께 살펴봐야 합니다. 은행들은 보통 1년, 2년, 3

년의 대출계약 기간을 제시합니다. 물론 계약 기간이 길거나 짧은 것만으로는 유불리를 판단하기 어렵습니다. 경제 상황에 따라 그 기간의 득실은 다르게 작용할 수 있기 때문입니다. 고정금리를 선택한 상황에서 금리가 오른다면 긴 계약 기간이 나은 선택이었을 것이고, 금리가 내린다면 짧은 계약 기간이 더 나은 선택이었을 것입니다.

대출계약의 만기가 도래하는 때에는 기존 계약의 금리와 시장의 금리를 비교해 대환 대출을 받아 대출을 갈아타는 것도 중요합니다. 아무래도 시장 경제에서 이미 유치한 고객에 대한 혜택은 적을 수밖에 없기 때문입니다.

중도상환수수료

대출 상황에서 금리가 크게 올라 부담이 되는 경우 또는 대출이 더 이상 필요 없어진 때에는 전액 또는 일부의 상환을 생각할 수 있을 것입니다. 이때 은행 앱을 통해서도 손쉽게 대출 상환이 가능하지만, 중도상환수수료에 대해서는 생각해볼 필요가 있습니다.

중도상환수수료는 대출을 제공한 은행이 예상치 못한 대출의 조기 상환으로 인해 얻는 손실을 보전하기 위해 만든 장치입니다. 대출계약 시 약관에서 확인할 수 있는 부분으로, 보통의 1금융권 은행은 1~1.2% 범위의 중도상환수수료율을 가지고 있습니다.

예를 들어, 2억 원을 3년의 기간으로 대출받았고 이때의 중도상환수수료율이 1.2%인 경우, 1년이 경과한 때에 1억 원을 상환하는 때에는 120만 원이 아닌 80만 원의 중도상환수수료를 납부하게 됩니다. 1억 원의 1.2%에 해당하는 금액은 120만 원이지만 1.2%는 3년이라는 전체 기간에 대한 수수료율이기 때문에, 기간이 조정되며 수수료율도 같은 비율로 조정되기 때문입니다. 즉 대출 기간 3년의 1/3에 해당하는 1년이 경과했으므로 수수료율도 1.2%에서 1/3을 제외한 0.8%로 조정되는 것입니다.

근저당 설정

상가를 담보로 대출을 받으면 은행은 담당 법무사를 통해 해당 물건 등기부등본의 을구에 근저당을 설정합니다. 근저당이란, 채권자가 채무자에게 돈을 빌려주는 때에 채무자가 이를 갚지 못할 경우에 대비해서 채무자의 부동산에 대해 우선으로 변제받을 수 있는 권리를 의미합니다. 이 권리를 통해 은행은 채무가 이행되지 않을 경우 법원에 경매를 신청할 수 있고, 해당 경매를 통해 채무를 변제받을 수 있습니다.

이때 채권자가 변제받을 수 있는 한도를 채권최고액이라고 하며 일반적으로 대출금액의 120% 내외로 기재됩니다. 이는 변제의 과정에서 원금에 더해 발생할 수 있는 이자 및 지연손해금 등의 추가 비용을 변제금에 포함하기 위함입니다. 그래서 등기부등본에서 1억 2,000만 원의 채권최고액이 기재되어 있는 경우, 실제 대출받은 금액은 1억 원 내외일 것으로 예상할 수 있습니다.

포괄양수도계약을 해야 할까?

상가 건물 매매에서 양도자가 납부해야 하는 양도소득세는 다음과 같이 계산됩니다.

- 양도차익 = 양도가액 - 취득가액 - 필요경비(취득세, 중개수수료 외)
- 양도소득금액 = 양도차익 - 장기보유특별공제
- 과세표준 = 양도소득금액 - 양도소득기본공제
- 산출세액 = 과세표준×세율(6~45%)
- 양도소득세 = 산출세액 - 양도소득누진공제
- 양도소득세 합계 = 양도소득세 + 지방소득세(양도소득세의 10%)

부가가치세 처리가 필요한 상가 건물 양도

그런데 상가 건물의 양도는 주택에서와 다르게 부가가치세에 대한 처리도 추가로 필요합니다. 이는 매도자가 양도가액에 대한 부가가치세를 매수자에게 추가로 징수해서 납부해야 함을 의미합니다. 물론 이때의 부가가치세는 상가의 건물과 토지의 가치를 각각 구분해 건물 부분에만 적용합니다. 이는 부가가치세법에 따라 건물의 공급에는 부가가치세가 부과되지만, 토지의 공급에는 그것의 부과가 면제되기 때문입니다.

이와 같은 배경으로, 상가 매매 시 매도자가 부가가치세를 징수하지 않는 경우에는 양도가액, 즉 매매가액 자체에 부가가치세가 포함된 것으로 간주될 수 있으므로 유의가 필요합니다. 그 경우, 매도자는 수취한 매매가액의 일부를 부가가치세로 납부해야 하기 때문입니다. 그래서 거래 상호 간에 혼동을 주지 않기 위해서는, 매매계약서에 매매에 따른 부가가치세를 매수자가 부담한다는 조건의 명시가 필요합니다.

결국 상가 매매에서 매도자는 매수자에게 부가가치세를 징수해서 납부하고, 이후 매수자는 해당 부가가치세를 다시 환급받게 됩니다. 그런데 이처럼 동일한 금액을 매도자는 납부하고 매수자가 환급받는다면, 과세 측면에서 도움이 될 부분이 없을 것입니다. 실질적 가치는 없음에도 불구하고, 매도자와 매수자에게는 번거로운 과정이 발생하고 국가의 과세 처리에는 행정적인 낭비가 발생합니다.

번거로움과 낭비를 방지하는 포괄양수도

그러나 다행히도 포괄양수도 제도를 활용하면 이런 번거로움과 낭비를 방지할 수 있습니다. 세법은 상가를 과세사업자에게 포괄적으로 양도하는 경우에는 부가가치세가 과세되지 않도록 하기 때문입니다. 상가 매매에서의 포괄양수도란, 상가와 해당 상가에서 이뤄지는 사업에 관한 모든 권리와 의무를 포괄적으로 양도 및 양수함을 의미합니다. 여기에서의 권리와 의무 대상에는 상가 임대사업 그 자체와 임대사업의 대상인 현재의 임대차가 포함됩니다.

한편 그와 같은 포괄적인 거래의 모습은 포괄양수도 제도의 장점이 아니었더라도, 상가 매매에서의 일반적인 모습일 것입니다. 그런데 포괄양수도계약임을 명시하면 부가가치세 처리에서의 번거로움과 낭비도 방지할 수 있기에, 현재 많은 구분상가의 매매 거래가 포괄양수도계약으로 이뤄지고 있습니다. 그러나 장점이 있다면 유의해야 할 부분들도 존재하기 마련입니다. 먼저 살펴봐야 할 것은 임대사업자 10년 유지 의무에 대한 부분입니다.

포괄양수도에서의 임대사업 10년 유지 의무

시간을 거슬러 해당 상가를 최초 분양받은 투자자를 생각해보겠습니다. 당시 상가의 분양가가 5억 원이었다면, 그 투자자는 부가가치세 10%를 포함해 5억 5,000만 원을 분양 대금으로 납부했을 것입니다. 그런데 그 투자자는 곧이어 임대사업을 시작했을 것이기에, 납부한 부가가치세 5,000만 원을 임대사업자로서 환급받았을 것입니다. 그리고 그렇게 환급받은 부가세로 인해, 해당 사업자는 현재의 임대사업을 10년간 유지해야 하는 의무가 발생합니다.

그러나 해당 사업자에게 예상치 못한 사정이 발생해서 분양받은 건물을 처분하거나 사업자등록을 취소할 수 있을 것입니다. 그런데 이 경우는 10년 유지 의무를 저버린 것이 되므로 환급받은 부가세를 다시 납부해야 하는 상황이 발생하게 됩니다(7년 유지 후 폐업한 경우, 3년분의 부가가치세 추징). 그러나 다행히도 분양받은 임대사업자 혼자서 그 10년의 기간을 유지해야 하는 것은 아니며, 포괄양수도를 통해 그 의무 기간을 양수자에게 승계할 수 있습니다. 그래서 최초 분양받은 이후로 10년 이내에 해당 건물이 매도되는 때에는 포괄양수도로 계약을 진행하게 됩니다.

한편 포괄양수도계약 시, 매매 이후 매도자가 폐업신고를 하는 때에는 폐업신고서의 [휴업·폐업 사유] 항목을 [양도·양수]로 선택하고, [사업 양도 내용] 항목에는 매수자의 사업자등록번호 또는 주민등록번호를 기재해야 합니다. 또한 매수자가 사업자등록을 신청하는 때에도, 매도자와 동일하게 업태명은 '부동산업', 종목명은 '상가임대업'으로 기재하고, 업종코드로는 상가임대업의 업종코드인 '701201'을 등록합니다. [그 밖의 신청사항] 영역에는 양도자의 사업자등록번호를 기재하며, 신청 시 첨부하는 계약서에도 포괄양수도계약이라는 내용의 특약이 반드시 포함되어 있어야 합니다.

포괄양수도 대상이 되지 않는 공실 상가 매매

포괄양수도계약에서 또한 유의해야 할 점은, 공실 상태 상가의 매매 계약은 포괄양수도의 대상이 되지 않는다는 점입니다. 공실 상가의 매매는 현재 임대차 관계가 없기에 사업이 실질적으로 운영되고 있다고 보기 어렵다고 판단해서 사업에 관한 모든 권리와 의무를 포괄적으로 양도 및 양수한다는 포괄양수도의 조건을 충족하지 못한다고 보기 때문입니다. 그래서 공실 상가의 매매는 포괄양수도의 대상으로서 부가가치세 면제 혜택을 받을 수 없으며, 일반매매와 동일하게 부가가치세의 징수 및 납부가 필요합니다.

포괄양수도에서의 매도인과 매수인의 과세 유형

포괄양수도계약은 매도인과 매수인의 과세 유형에도 주의해야 합니다. 매도인이 일반과세자인 경우에는 매수인도 일반과세자로 사업자를 등록하는 상황에서만 포괄양수도계약이 가능합니다. 그러나 매도인이 간이과세자인 경우에는, 매수인이 일반과세자 또는 간이과세자로 사업자를 등록하는 두 가지의 모든 경우에서 포괄양수도계약이 가능합니다.

한편 매도인이 일반과세자이고 매수인도 일반과세자였던 조건에서, 매수인의 사업이 부진해 충분한 연간 매출액을 만들어내지 못하는 상황이 발생한다면, 매수인은 세무서로부터 과세유형이 간이과세자로 변경될 것이라는 [간이과세자 변경 통지서]를 받을 수

간이과세 적용·포기·재적용 신고서의 일부

■ 부가가치세법 시행규칙 [별지 제43호서식] <개정 2024. 3. 22.>

홈택스(www.hometax.go.kr)에서도 신청할 수 있습니다.

간이과세 [ ] 적 용 / [ ] 포 기 / [ ] 재적용 신고서

※ [ ]에는 해당하는 곳에 √ 표시를 합니다.

접수번호	접수일	처리기간 즉시

신고인 인적사항	상호(법인명)	등록번호
	성명(대표자명)	전화번호
	사업장(주된 사업장) 소재지	
	업태	종목

신고내용

[ ]간이과세 적용신고	「부가가치세법」 제61조제3항 및 같은 법 시행령 제109조제4항 또는 제116조제2항에 따라 간이과세의 적용을 받기 위하여 신고합니다.		
신규 사업자	사업시설착수 연월일 또는 사업 개시 연월일	간이과세를 적용받으려는 과세기간	연간공급대가 예상액
	간이과세를 포기한	간이과세를 적용받으려는	간이과세를 포기한 날부터 적용받으려는 과세기간

출처 : 법제처 국가법령정보센터

있습니다. 이 경우에는 [간이과세 포기 신고]를 통해 일반과세자로의 과세 유형을 유지하는 것이 가능합니다.

상가 임대사업은 이렇게 시작합니다

임대사업 시작을 위한 사업자등록

상가의 인수를 완료했다면 사업자등록을 통해 본격적인 수익형 부동산 투자를 시작하게 됩니다. 사업자등록은 사업의 개시 이전 또는 사업을 시작한 날로부터 20일 이내 구비서류를 갖춰 관할 세무서나 가까운 세무서 민원봉사실에서 신청할 수 있습니다. 그러나 홈택스의 [개인 사업자등록 신청] 메뉴를 이용한다면, 세무서에 방문하지 않고도 온라인에서의 사업자등록 신청도 가능합니다.

사업자등록은 온라인보다 세무서에서

그러나 다음과 같은 이유로 세무서 방문을 통한 사업자등록 신청을 권합니다. 먼저 세무서에서 사업자등록을 신청하면 신청 당일 전용 용지에 인쇄된 빳빳한 사업자등록증을 받아볼 수 있습니다. 반면 홈택스에서 신청한 경우에는 신청일로부터 3영업일 이내에 사업자등록증을 발급받을 수 있으며, 홈택스의 [민원신청 처리결과 조회] 메뉴에서 발급 여부를 확인한 이후 직접 출력할 수 있

습니다. 또 다른 이유로는 세금계산서 발급 시 필요한 전자세금계산서 보안카드가 세무서에서만 발급이 가능하기 때문입니다. 일반과세자의 경우, 임대료에 대한 세금계산서 발급이 필요하기에 보안카드의 발급을 위해서라도 세무서 방문은 필요합니다.

세무서에 방문해 사업자등록을 신청하는 경우에는 신분증과 임대차계약서 사본을 지참해야 하고, 홈택스에서 사업자등록을 신청하는 경우는 공동인증서(구 공인인증서)가 필요합니다. 참고로 사업자등록은 개별 사업장마다 등록합니다. 그래서 투자자가 여러 개의 상가를 보유하고 있다면, 그 각각을 개별 사업장으로 사업자등록해야 합니다.

개인사업자 vs 법인사업자

사업자등록은 개인 또는 법인으로 할 수 있습니다. 법인이란, 자연인이 아님에도 법률상 하나의 인격체로 인정받는 주체를 의미하는 것으로, 회사, 비영리 단체, 협회, 재단 등 다양한 형태로 존재할 수 있습니다. 법인사업자란, 이러한 법인이 사업 활동을 통해 수익을 창출하는 것을 의미하게 됩니다.

개인사업자로서의 사업자등록 절차는 간단한 반면, 법인사업자의 경우 법인의 설립 등 사전에 필요한 준비 과정들로 상대적으로 더 복잡합니다. 사실 사업자를 등록하는 때에 사업자 유형을 고민

종합소득세율		법인세율	
과세표준	세율	과세표준	세율
1,400만 원 이하	6%	2억 원 이하	9%
1,400~5,000만 원 이하	15%		
5,000~8,800만 원 이하	24%	2~200억 원 이하	19%
8,800만 원~1.5억 원 이하	35%		
1.5~3억 원 이하	38%	200~3,000억 원 이하	21%
3~5억 원 이하	40%		
5~10억 원 이하	42%	3,000억 원 초과	24%
10억 원 초과	45%		

하는 가장 큰 이유는 바로 절세에 대한 고려 때문일 것입니다. 기본적으로 개인사업자에게는 소득세가 적용되고 법인사업자의 경우는 법인세가 적용되는 차이가 있습니다. 과세표준에 대한 법인세율은 대체로 소득세보다 낮은 편이지만, 어느 유형의 사업자가 절세 측면에서 유리하다고 단정해서 이야기하기는 어렵습니다. 이는 사업의 규모와 조건에 따라 납부해야 하는 세금의 규모와 형태는 다를 수 있기 때문입니다.

그래서 사업자 유형의 선택을 절세의 관점으로 접근하기보다는, 향후 전개할 사업의 모습을 전체적으로 고려해 검토하는 것이 더욱 올바른 접근 방법일 것입니다. 법인사업자를 등록해서 법인을 운용하는 경우에는 상법 및 세법 등 전문적 지식이 요구되는 경우가 많아, 스스로의 힘으로 대응 가능한 범위를 넘어 전문가의 도움이 필요한 경우가 있습니다. 그래서 수익형 부동산 투자를 기업형으로 확대하려는 계획을 가지고 있다면 법인사업자를 선택하는 것이 옳은 판단이겠지만, 상가 투자를 처음 시작하는 경우에는 조금 더 쉬운 과정으로 볼 수 있는 개인사업자로의 시작을 권합니다.

일반과세자와 간이과세자의 선택

개인사업자를 선택했다면 다시 일반과세자와 간이과세자 간의 선택을 고민하게 됩니다. 일반과세자와 간이과세자는 부가가치세의 신고 및 납부와 관련되어 구분되는 과세자 유형으로 주로 매출 규모에 따라 선택됩니다.

간이과세자는 소규모 사업자에게 부가가치세 부담을 완화해주기 위한 과세자 유형으로, 연간 매출 예상액이 8,000만 원 미만인 개인사업자를 대상으로 합니다. 반면 일반과세자는 연간 매출 예상액이 8,000만 원 이상인 개인사업자를 위한 유형으로, 우리가 주변에서 접할 수 있는 대부분의 개인사업자는 이 유형에 해당한다고 볼 수 있습니다. 그래서 기본적으로는 예상 매출 규모에 따라 과세자 유형을 선택할 수 있으며, 처음에는 간이과세자로 신청하고 추후에 일반과세자로의 변경도 가능합니다. 그리고 간이과세자로 시작한 경우에도 이후 연 매출액이 8,000만 원을 초과하게 되면 일반과세자로 자동 전환되기도 합니다.

그러나 예상되는 매출 규모가 8,000만 원에 미치지 못하더라도 간이과세자가 아닌 일반과세자로 사업자등록을 시작하는 경우가 많습니다. 매출 규모 외에도 두 유형 간의 여러 차이에서 고려해야 할 측면들이 있기 때문입니다.

일반과세자와 간이과세자의 차이

먼저 두 유형은 부가가치세율에서 차이가 있습니다. 일반과세자는 매출에 대해 10%의 부가가치세를 징수하고, 소비자를 대신해 국세청으로 신고 및 납부하게 됩니다. 그리고 해당 과정에서 사업자는 매입한 물품이나 이용한 서비스에 납부한 부가가치세를 공제받을 수 있습니다. 물론 상가임대업에서 매입이 발생하는 경우는 흔치 않습니다. 굳이 생각해보자면 중개수수료의 지불 또는 상가 자체에 문제가 생겨 수리비를 지불하는 경우일 것입니다.

한편 간이과세자는 기본 부가가치세율 10% 위에 업종별 부가가치율을 15~40%까지 추가로 적용하는 낮은 세율을 가지고 있습니다. 즉, 부동산 임대업의 부가가치율은 40%이므로 10%의 40%에 해당하는 4%의 부가가치세율이 최종 적용되는 형태입니다. 그러나 사업자가 매입한 물품이나 서비스에 대한 매입세액 공제 또한 0.5%로 매우 낮은 수준이어서 아쉬움이 있습니다.

두 유형은 세금계산서의 발급 의무에서도 차이가 있는데, 일반과세자는 세금계산서의 발급이 의무화되어 있습니다. 그래서 임차인으로부터 임대료를 받는 경우, 임대료의 10%에 해당하는 부가가치세를 징수하고 수취에 대한 세금계산서를 발급 및 제공해야 합니다. 반면 간이과세자는 원칙적으로 세금계산서를 발급하지 않습니다. 그래서 임대사업 과정에서 세금계산서를 발급하고자 한다면 일반과세자로의 전환이 필요합니다.

또한 세금의 신고와 납부에서도 차이가 있습니다. 일반과세자의 경우 매해 1월과 7월 부가가치세의 신고와 납부를 정기적으로 해야 하며, 이때 매출세액에서 매입세액을 공제한 후 그 차액을 납부하게 됩니다. 반면 간이과세자는 매해 1월에 연 1회 부가가치세를 신고 및 납부하며, 4%의 부가가치세율이 적용된 매출세액에서 매입의 0.5%로 계산되는 매입세액을 공제해 그 차액을 납부하게 됩니다.

이렇듯 일반과세자와 간이과세자는 부가가치세와 관련된 여러 부분에서 차이가 있습니다. 그러나 조금 더 깊이 생각해보면, 상가 임대업의 부가가치세 납부에서 두 유형 모두 절세 효과는 크지 않음을 알 수 있습니다. 일반과세자부터 생각해보면, 상가 임대사업이 아닌 보통의 업종에서는 매입세액 공제로 세금 부담을 제법 줄일 수 있지만, 매입이 적은 상가임대업은 매입세액이 없거나 작은 규모인 경우가 많기에, 매출에서 징수한 부가가치세 거의 그대로를 다시 납부하는 경우가 대부분입니다. 간이과세자의 경우는 모든 업종에서 제한적인 매입세액 공제로 절세 측면에서의 한계가 있습니다. 결국 상가임대업의 경우, 매입세액을 통한 절세 측면에서 두 유형 간 차이를 만들어내기는 어렵습니다.

그래서 두 유형을 선택하고자 하는 때에는 절세 측면이 아닌 편의 측면에서의 고려가 더욱 필요합니다. 사업을 운영하는 데 세금계산서 발급이 필요할지, 그리고 세금 신고와 납부에서의 편의 및 선호를 검토하면 좋을 것입니다. 또한 앞서 언급된 포괄양수도로 계약을 진행하는지, 그렇다면 양도인이 일반과세자여서 양수인인 자신도 일반과세자로 등록해야 하는 상황인지 등을 살펴봐야 할 것입니다.

사업자등록 신청

사업자 유형과 과세자 유형을 모두 결정했다면 사업자등록 신청을 진행하게 됩니다. 홈택스를 통한 온라인 신청이 가능하지만, 앞서 추천한 것처럼 세무서 방문에서의 사업자등록 신청 방법으로 살펴보겠습니다.

먼저 신분증과 상가 임대차계약서를 지참해서 상가 건물 소재지의 관할 세무서를 방문하고, 민원실에서 사업자등록 신청서 서식을 찾아 내용을 작성합니다. 법인을 위한 [법인설립신고 및 사업자등록신청서] 서식이 있고, 개인을 위한 [사업자등록 신청서(개인사

개인사업자용 사업자등록 신청서의 일부

■ 부가가치세법 시행규칙 [별지 제4호서식] <개정 2024. 3. 22.>

홈택스(www.hometax.go.kr)에서도 신청할 수 있습니다.

사업자등록 신청서(개인사업자용)
(법인이 아닌 단체의 고유번호 신청서)

※ 사업자등록의 신청 내용은 영구히 관리되며, 납세 성실도를 검증하는 기초자료로 활용됩니다.
아래 해당 사항을 사실대로 작성하시기 바라며, 신청서에 본인이 자필로 서명해 주시기 바랍니다.
※ [ ]에는 해당하는 곳에 √표를 합니다.

(앞쪽)

접수번호		처리기간	2일(보정 기간은 불산입)

1. 인적사항

상호(단체명)	연락처	(사업장 전화번호)
성명(대표자)		(주소지 전화번호)
주민등록번호		**(휴대전화번호)**
(단체)부동산등기용등록번호		(FAX 번호)
사업장(단체) 소재지		층 호
사업장이 주소지인 경우 주소지 이전 시 사업장 소재지 자동 정정 신청		([ ]여, [ ]부)

2. 사업장 현황

업 종	주업태		주종목		주생산 요소		주업종 코드	**개업일**	종업원 수
	부업태		부종목		부생산 요소		부업종 코드		

출처 : 법제처 국가법령정보센터

업자용)] 서식이 있지만, 보다 일반적인 개인 사업자로의 등록 신청을 가정하겠습니다.

[인적사항] 영역에서 [상호(단체명)] 항목부터 기입합니다. 종종 상호를 미리 생각해두지 못해, 신청 당시 급하게 상호를 정하는 경우가 있으니 가능하다면 미리 상호명을 생각해두는 것이 좋습니다. 물론 상호명을 비워둔 상태로 신청하고 이후에 정정 신청을 통해 상호명을 설정할 수도 있습니다. 이어 [성명(대표자)] 항목과 [주민등록번호] 항목을 기재합니다. 연락처 영역에 사업장 전화번호, 주

소지 전화번호, 휴대전화번호 항목을 입력하게 되어 있는데, 임대사업자의 경우는 상가 소유자의 휴대전화번호를 모든 항목에 기재하면 됩니다. [사업장(단체) 소재지] 항목에 매수한 구분상가의 주소를 기재하며 [인적사항] 영역을 마무리합니다.

다음으로 [사업자 현황] 영역을 채워야 합니다. 업종 영역의 [주업태] 항목에는 '부동산업'을 기재하고 [주종목] 항목에는 '상가임대업'을 기재합니다. 참고로 상가임대업의 업종코드는 701201입니다. [개업일] 항목은 일반적으로는 실제 사업을 시작한 날을 기준으로 기재해야 하나, 임대차가 진행 중인 상가를 양수받은 상황이라면 잔금일을 기재하면 됩니다.

이어 [종업원 수]는 0으로 기재하고, [사업장 구분] 영역의 [자가면적] 항목은 상가 매매계약서에서 전용 면적을 확인해 ㎡ 단위로 기재합니다. [사업장을 빌려준 사람(임대인)] 영역의 성명과 주민등록번호를 본인의 정보로 채우고, [임대차 명세] 영역에 임대차계약서를 참고해 [임대차계약 기간] 및 [(전세)보증금], [월세(차임)] 항목들을 기재합니다.

다음 [간이과세 적용 신고 여부] 항목 및 [간이과세 포기 신고 여부] 항목을 선택한 내용으로 기재합니다. 마지막으로, 포괄양수도로 매매 계약을 체결한 경우, [양도자의 사업자등록번호(사업양수의 경우에만 해당함)] 항목에 매도인의 사업자등록번호를 기재합니다. 이상의 내용을 채운 후 담당자에게 신청서를 제출하면 잠시 후 노란 빛을 띠는 빳빳한 전용 용지에 출력된 사업자등록증을 발급받을 수 있습니다.

사업자등록 신청과 처리가 완료된 이후에 일부의 내용을 변경해야 하는 경우가 있습니다. 이를 사업자등록 정정이라고 부르지만, 임대사업자의 사업장 정보가 변경될 여지는 적기에 정정이 필요한 경우는 흔치 않습니다. 물론 앞서 언급된 상호명 변경을 위해

사업자등록 정정신고서의 일부

■ 부가가치세법 시행규칙 [별지 제11호서식] <개정 2024. 3. 22.>

홈텍스(www.hometax.go.kr)에서도 신청할 수 있습니다.

[ ] 사업자등록 정정신고서
[ ] 법인이 아닌 단체의 고유번호 정정신고서

※ 뒤쪽의 작성방법을 읽고 작성하시기 바라며, [ ]에는 해당되는 곳에 √표를 합니다. (앞쪽)

접수번호	변경 연월일	처리기간 즉시(2일)

인적 사항	상호(법인명) (단체명)	사업자등록번호	
	성명(대표자)	연락처	(사업장 전화번호)
			(주소지 전화번호)
			(휴대전화번호)

신고 내용

상 호(법인명) (단 체 명)	(단체)부동산등기용등록번호	연락처	사업장 전화번호	주소지 전화번호	**휴대전화번호**
	-				
성 명(대 표 자)	주민등록번호 (법인등록번호)	-	본점 대표자 변경 시 지점 또는 종된 사업장 일괄정정 (법인사업자만 기재)	[ ]동의함 [ ]동의하지 않음	
총괄사업장 소재지				층	호
사 업 장 소 재 지 (임 대 차 부 동 산)					
사업장이 주소지인 경우 주소지 이전 시 사업장 소재지 자동 정정 신청				([ ]여, [ ]부)	

출처 : 법제처 국가법령정보센터

서는 사업자등록 정정 신청 절차가 필요합니다. 이 경우, 세무서에 비치된 [사업자등록 정정신고서] 서식을 활용할 수 있지만, 정정의 경우는 홈택스를 통한 온라인 신청으로도 충분합니다. 홈택스 상단 메뉴 [증명·등록·신청] 하위에서 [사업자등록 신청·정정·휴폐업] > [개인 사업자등록 정정 신고] 항목으로 정정을 신청합니다.

홈택스 이용 신청

사업자등록 신청을 위해 세무서를 방문한 때에는 사업자에게 꼭 필요한 홈택스 이용에 대한 신청도 함께 진행합니다.

홈택스 이용신청서의 일부

■ 국세기본법 시행규칙 [별지 제3호의2서식] <개정 2024. 3. 22.>

홈택스 이용신청서 ([ ]신규 [ ]변경 [ ]철회)

(앞쪽)

접수번호	접수일	처리기간

1. 인적사항	① 성명(대표자)	② 상 호(법인명)
	③ 주민등록번호	④ 사업자등록번호
	⑤ 사 용 자 구분 [ ]개인 [ ]법인 [ ]세무대리인 (개인, 법인)	
	⑥ 사업장 소재지 (전화번호 :)	
	⑦ 주 소 (전화번호 :)	
2. 신청내용	⑧ 사용자 아이디 (ID) (※ 영어 또는 영어·숫자의 조합, 6~20자)	
	⑨ 비 밀 번 호 (※ 영어·숫자·특수문자의 조합, 9~15자)	
	⑩ 전자우편주소 ■ 국세청이 제공하는 국세정보 수신 동의 [ ]	⑪ 휴대전화번호 ■ 국세청이 제공하는 국세정보 수신 동의[ ]

「국세기본법」 제5조의2제2항 및 같은 법 시행령 제6조의2제1항에 따라 홈택스를 이용하기 위하여 신청합니다.

년 월 일

신청인 (서명 또는 인)

3. 전자송달을 원하시는 경우 다음 란을 추가로 기재하시기 바랍니다.

출처 : 법제처 국가법령정보센터

홈택스 이용신청서 서식에서 [인적사항] 영역의 각 항목들은 사업자등록 신청 시 기재한 내용과 유사합니다. 개인, 법인, 세무대리인 선택지로 구성된 [사용자 구분] 항목과 상가 소유자의 [주소] 항목 정도만 추가로 기재합니다. [신청내용] 영역에는 [사용자 아이디], [비밀번호], [전자우편주소], [휴대전화번호] 항목들을 기재하게 되어 있습니다. 신청 당시 급하게 준비하는 경우에는 원치 않는 정보들로 잘못 기재할 가능성이 있으니 세무서 방문 전 해당 항목들을 미리 준비해두는 것이 좋습니다.

전자세금계산서 보안카드 발급 신청

마지막으로, 세무서 민원실에서 전자세금계산서 보안카드를 발급받습니다. 세금계산서를 발급하기 위해서는 기존 인터넷 뱅킹용으로 사용하던 공인인증서가 아닌, 전자세금계산서 발급용 공인인증서를 사업자등록번호를 통해 유료로 발급받아야 하는데, 이는 일

전자세금계산서 보안카드 앞면

출처 : 저자 작성

반 공인인증서와 동일하게 매년 갱신해야 하는 번거로움이 있습니다. 그러나 전자세금계산서 보안카드를 발급받으면, 전자세금계산서 발급용 공인인증서가 없이도 영구히 무료로 전자세금계산서를 발급할 수 있습니다.

그런데 이 보안카드는 인터넷이 아닌 세무서 민원실에 방문한 때에만 신청 및 발급이 가능합니다. 민원실에서 [전자계산서 보안카드 사용자 신청서] 서식을 얻고, 인적사항 정보를 작성한 후 보안카드 비밀번호를 추가로 기재해 신청서 작성을 완료합니다. 이어 신청서를 제출하면 당일에 보안카드를 발급받을 수 있습니다.

전자세금계산서는 사업자등록번호로 발급하는 것이기에, 이미

전자세금계산서 발급용 보안카드로 회원가입

출처 : 홈택스

홈택스에 개인회원으로 가입되어 있는 상태라고 하더라도 별도의 사업자회원으로 추가가입이 필요합니다. 홈택스 우상단의 회원가입 메뉴를 통해 회원가입 페이지로 접근하고 [회원유형 선택]에서 [사업자, 세무대리인]을 선택해 사업자등록번호로 회원가입을 시작합니다. 이후 [본인인증] 단계에서 본인의 신원을 확인할 수 있는 방법으로 [전자세금계산서 발급용 보안카드]를 선택하고 회원가입을 마무리합니다.

임대사업을 시작하며 알아야 할 것들

사업자등록을 완료하고 임대사업을 시작하는 때에 알아두어야 하고 챙겨야 하는 것들이 있습니다. 그 첫 번째는 국세청 홈택스와 관련된 부분입니다. 이미 홈택스 이용 신청 및 홈택스 사업자회원 가입까지 살펴본 상태지만, 그것은 홈택스 이용을 위한 준비 과정일 뿐입니다. 홈택스는 사업의 동반자라 불릴 정도로 모든 사업자가 상시 이용해야 하는 필수 플랫폼입니다. 그런 홈택스가 임대사업자에게 어떤 서비스들을 제공하는지 살펴보겠습니다.

홈택스에서 정기적으로 이용하는 서비스들

임대사업자가 홈택스에서 가장 자주 이용하는 서비스는 전자세금계산서의 발급일 것입니다. 임차인으로부터 월 임대료가 입금될 때마다 세금계산서를 발급해야 하므로 매달 홈택스를 이용하게 됩니다. 물론 홈택스에서는 전자세금계산서의 발급뿐만 아니라 발급 이력의 조회나 발급을 취소할 수 있는 기능도 제공합니다. 그다음

으로 자주 이용하는 서비스는 부가가치세의 신고 및 납부일 것입니다. 임대사업자는 부가가치세 신고 의무가 있기에, 정기적으로 신고서를 작성해서 신고하고 납부해야 합니다. 일반과세자의 경우 매년 1월과 7월에 부가가치세를 신고 및 납부하고, 간이과세자는 매년 1월 연 1회 부가가치세를 신고 및 납부합니다.

그리고 일 년에 한 번씩 이용하는 서비스가 있습니다. 바로 종합소득세의 신고 및 납부 서비스가 그에 해당하며, 홈택스에서 종합소득세 신고서를 작성해서 진행합니다. 임대사업자의 임대소득은 종합소득세 과세 대상 소득이므로, 매년 5월에 전년도의 임대소득을 포함한 모든 소득에 대해 종합소득세를 신고 및 납부해야 합니다.

홈택스에서 비정기적으로 이용하는 서비스들

정기적이지는 않지만, 홈택스를 통해 도움을 받는 서비스들이 있습니다. 그중 하나는 간편장부 작성 프로그램 서비스입니다. 세법상 모든 사업자는 장부의 기록 및 보존 의무가 있기에, 상가 임대사업자도 장부를 작성하고 종합소득세 신고 시 활용해야 합니다.

그래서 국세청은 사업자들이 손쉽게 장부를 작성할 수 있도록 엑셀 파일 기반으로 편의 기능을 더한 장부 양식을 만들어 홈페이지를 통해 제공하는데, 이것을 간편장부 작성 프로그램이라고 부릅니다. 상가 임대사업자의 수입과 지출은 다른 사업자들에 비해 빈

국세청이 제공하는 간편장부 작성 프로그램 및 서식

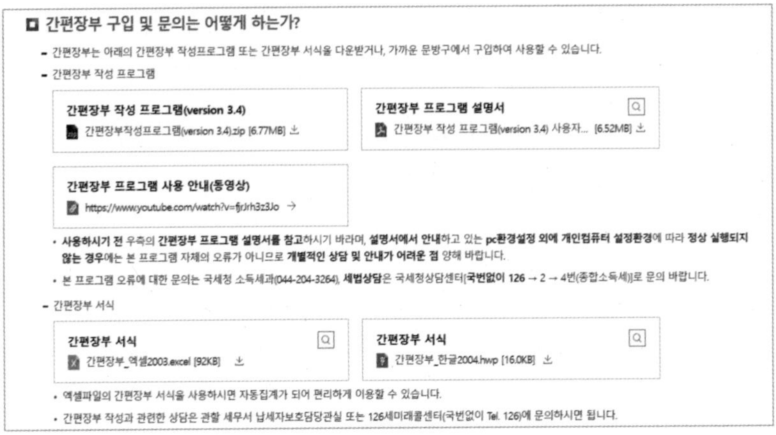

■ 간편장부 구입 및 문의는 어떻게 하는가?

- 간편장부는 아래의 간편장부 작성프로그램 또는 간편장부 서식을 다운받거나, 가까운 문방구에서 구입하여 사용할 수 있습니다.
- 간편장부 작성 프로그램

간편장부 작성 프로그램(version 3.4)
간편장부작성프로그램(version 3.4).zip [6.77MB]

간편장부 프로그램 설명서
간편장부 작성 프로그램(version 3.4) 사용자... [6.52MB]

간편장부 프로그램 사용 안내(동영상)
https://www.youtube.com/watch?v=fjrJrh3z3Jo →

- **사용하시기 전** 우측의 **간편장부 프로그램 설명서를 참고**하시기 바라며, **설명서에서 안내**하고 있는 **pc환경설정 외에 개인컴퓨터 설정환경**에 따라 **정상 실행되지 않는 경우**에는 본 프로그램 자체의 오류가 아니므로 **개별적인 상담 및 안내가 어려운 점** 양해 바랍니다.
- 본 프로그램 오류에 대한 문의는 국세청 소득세과(044-204-3264), **세법상담**은 국세청상담센터[**국번없이 126** → 2 → 4번(종합소득세)]로 문의 바랍니다.

- 간편장부 서식

간편장부 서식
간편장부_엑셀2003.excel [92KB]

간편장부 서식
간편장부_한글2004.hwp [16.0KB]

- 엑셀파일의 간편장부 서식을 사용하시면 자동집계가 되어 편리하게 이용할 수 있습니다.
- 간편장부 작성과 관련한 상담은 관할 세무서 납세자보호담당관실 또는 126세미래콜센터(국번없이 Tel. 126)에 문의하시면 됩니다.

출처 : 국세청

번하지 않지만, 해당 사항들을 발생 시마다 간편장부에 기장해두면 이후 보다 편리하게 종합소득세를 신고할 수 있습니다.

해당 페이지에서 [간편장부 작성 프로그램(version x.x)]을 다운로드받은 후 저장된 [간편장부작성프로그램.zip] 파일의 압축을 해제하면, xls 확장자를 가진 간편장부 작성 프로그램과 pdf 확장자를 가진 사용자 설명서를 확인할 수 있습니다. 50페이지 이상으로 구성된 사용자 설명서는 프로그램의 사용 방법을 매우 상세하게 설명하고 있어, 장부의 작성 방법 학습에 큰 도움이 됩니다.

다음으로 국세 납세증명서의 발급이 있습니다. 국세 납세증명서는 대출이 필요한 경우, 은행 등 금융기관에서 제출을 요구하게 됩니다. 또한 임대차계약에서도 임차인에게 납세 완료를 증명하기 위해 사용되기도 합니다. 국세 납세증명서는 홈택스에서 [증명 · 등록·신청] > [즉시발급 증명] > [납세증명서(국세완납증명)]의 경로에서 발급받습니다. 참고로 지방세 납세증명서는 홈택스가 아닌 정부24(www.gov.kr) 홈페이지에서 발급받을 수 있습니다.

휴업과 폐업도 홈택스에서 신고하게 됩니다. 폐업할 때는 홈택스의 다음 경로로 이동해서 휴업(폐업)신고서를 작성하게 됩니다. [증명·등록·신청] > [사업자등록 신청·정정·휴폐업] > [휴·폐업·재개업 신고] > [휴업·폐업 신고]. 폐업을 신고한 후에는 폐업한 다음 달 25일까지 부가가치세를 신고해야 하며, 다음 해 5월에는 종합소득세까지 마저 신고해야 합니다. 매출이 없던 경우에도 신고가 필요하니 유의해야 합니다.

한편 복식부기 의무자의 경우, 사업 전용으로 수입과 지출을 관리하는 사업용 계좌를 별도 개설해서 신고해야 하고, 이를 홈택스의 다음 경로에서 신고할 수 있습니다. [증명·등록·신청] > [세금관련 신청·신고 공통분야] > [사업용·공익법인 계좌 개설/조회] > [사업용·공익법인 계좌 개설/해지]. 개인 사업자는 직전 연도 수입금액을 기준으로 업종별 기준에 따라 복식부기 의무자와 간편장부 대상자로 분류되며, 상가 임대사업자의 경우 7,500만 원이 그 기준이 됩니다. 그래서 직전 연도 수입금액이 해당 금액을 넘어서는 경우라면, 사업용 계좌의 개설 및 신고가 필요합니다.

사업과 관련된 비용 결제를 위해 사용되는 사업용 신용카드도 홈택스에 등록할 수 있습니다. 사업용 신용카드라고는 하지만 특수한 유형의 신용카드를 의미하는 것은 아니며, 본인 명의로 발급받은 일반 신용카드 중 사업 전용으로 사용할 것을 하나 선택해서 [전자(세금)계산서 현금영수증·신용카드] > [신용카드 매입] > [사업용 신용카드 등록 및 조회]의 경로에서 등록하면 됩니다. 이렇게 등록된 사업용 신용카드를 이용하면, 이후 종합소득세 신고 시 결제 내역을 간편하게 조회해서 경비 항목으로 처리할 수 있습니다.

홈택스와 관련해 살펴볼 마지막 항목은 현금영수증 가맹점 가입에 대한 부분입니다. 현금영수증 의무발행 업종에 해당하는 개인사업자는 현금영수증 가맹점으로 반드시 가입해야 하고, 10만 원 이상의 현금 거래 시 반드시 현금영수증을 발급해야 할 의무가 있습니다. 상가 임대사업자가 이에 해당하는지를 살펴보기 위해서는 현금영수증 의무발행 업종의 판단 기준을 살펴볼 필요가 있는데, 국세청의 기준은 다음과 같습니다. '소비자를 직접 상대하는 업종으로 전년도 수입이 2,400만 원 이상인 개인사업자이거나, 소득세법 시행령 별표 3의3에 해당하는 현금영수증 가맹점 의무발행업종에 해당해야 한다'.

결국 상가 임대사업자는 소비자를 직접 상대하는 업종이 아니므로, 현금영수증 가맹점에 가입할 필요가 없습니다. 실상 상가 임대사업자의 현금영수증 발행 상황을 떠올리기도 쉽지는 않습니다. 홈택스의 다음 메뉴에서도 현금영수증 가맹점 가입 의무를 조회할 수 있어 직접 확인해볼 수 있습니다. [계산서·영수증·카드] > [현금영수증(가맹점)] > [현금영수증 가산세 및 가맹점 가입의무 조회]. 그러나 아마도 '현금영수증 미가맹 가산세 비대상입니다'라는 메시지를 보게 될 것입니다.

국민건강보험 지역가입자 가입 의무

임대사업을 시작하면 국민건강보험 가입 상태에서의 변화가 발생할 수 있습니다. 국민건강보험의 가입 유형으로는 직장가입자, 지역가입자, 피부양자가 있는데, 사업자등록을 마치고 임대사업을 시작하는 때에 직장가입자가 아닌 경우에는 지역가입자로 국민건강보험에 가입해야 할 의무가 있기 때문입니다.

직장가입자로 직장에 다니면서 임대사업을 함께하는 경우, 가입 유형 자체에는 변화가 없지만, 건강보험료가 인상될 수 있습니다. 근로소득에 기반해서 산정된 직장보험료에 더해 종합소득세 신고로 확인되는 임대소득에 따라 보험료가 추가되는 것입니다. 한편 피부양자로 가입된 상태였다면, 실제 임대수익이 발생하는 때에 지역가입자로 자동 전환됩니다. 이때의 보험료 산정에는 임대소득뿐만 아니라

보유한 재산과 세대의 구성까지도 종합적으로 고려될 수 있습니다.

건강보험료의 산정에 대해서 조금 더 자세히 알아보겠습니다. 지역가입자의 건강보험료는 가입자의 소득과 재산을 기준으로 각각 산정해서 합산한 보험료에, 추가적인 경감을 적용해 세대 단위로 부과합니다. 임대사업자의 소득 기준이란 임대소득을 의미하며, 재산 기준에는 소유한 토지와 주택, 그리고 전·월세 등이 포함됩니다. 건강보험료를 세대 단위로 부과한다는 것은 세대 전체의 소득과 재산을 고려해 보험료가 산정된다는 것으로, 개인보다는 가구 단위의 부담 능력을 종합적으로 평가해서 보험료가 부과된다는 것을 의미합니다. 물론 세대 내의 직장가입자는 지역가입자의 세대 단위 보험료 산정 및 부과에서 배제됩니다.

국민건강보험 홈페이지의 다음 메뉴에서 보험료에 대한 자세한 산정 방식을 안내하고 있는데, 건강보험료 산정에는 소득월액 28만 원을 기준으로 두 가지 형태의 부과체계가 있음을 확인할 수 있습니다. [국민건강보험(www.nhis.or.kr)] > [정책센터] > [국민건강보험] > [보험료] > [보험료 부과/산정].

소득월액이 28만 원 이하인 세대

건강보험료
=소득월액 최저보험료(19,780원)+{재산보험료 부과점수×부과점수당금액(208.4원)}

소득월액이 28만 원 초과인 세대

건강보험료
= (소득월액×건강보험료율)+{재산보험료 부과점수×부과점수당금액(208.4원)}

연도별 건강보험료 부과점수당금액 및 건강보험료율

연도	부과점수당금액	건강보험료율
2015	178.0원	6.07%
2016	179.6원	6.12%
2017	179.6원	6.12%
2018	183.3원	6.24%
2019	189.7원	6.46%
2020	195.8원	6.67%
2021	201.5원	6.86%
2022	205.3원	6.99%
2023	208.4원	7.09%
2024	**208.4원**	**7.09%**

대부분의 임대사업자의 소득월액은 28만 원을 초과한다고 볼 수 있으므로, 과세표준액 기준 5억 원의 재산을 가진 임대사업자가 월 임대료를 200만 원으로 받는 경우의 건강보험료를 계산해보겠습니다.

2024년 기준의 건강보험료율 7.09%를 소득보험료 계산에 사용하고, 재산 5억 원에서 기본공제 1억 원을 적용한 4억 원을 국민건강보험 홈페이지가 공개하는 60등급의 재산등급별 점수표에 대입하면, 31등급 757점인 것을 확인할 수 있습니다. 이들을 적용한 보험료는 아래 식과 183페이지의 표와 같이 계산됩니다.

- 소득보험료 = 소득월액×건강보험료율 = 200만 원×7.09% = 141,800원
- 재산보험료 = 757점×208.4원 = 약 157,759원
- 건강보험료 = 141,800원+157,759원 = 299,559원

물론 이 계산은 공개된 수식을 단순히 적용해본 것으로, 실제 보험료 산정에 영향을 미치는 추가적인 경감은 고려되지 않아 오차가 예상됩니다. 그래서 국민건강보험 홈페이지는 다음의 메뉴를 통해 건강보험료를 직접 확인해볼 수 있는 기능을 제공하고 있습니다. [국민건강보험(www.nhis.or.kr)] > [민원여기요] > [개인민원] > [보험료 조회/신청] > [4대 보험료 계산하기] > [나의 건강보험료 알아보기].

이전에는 자동차 소유에 따른 자동차보험료가 건강보험료 산정에 포함되었습니다. 그러나 국민의 생활 수준과 사회적 정서가 변화하며 자동차가 생활필수품이 됨에 따라 이러한 보험료 부과에 대한 개선 요구가 지속되었고, 그 결과 2024년부터 건강보험료 산정에서 자동차보험료 부과가 폐지되었습니다. 또한 임대소득이 줄어들거나 없어진 경우, 이를 국민건강보험공단에 신고 및 요청하면

국민건강보험 지역가입자 재산등급별 점수

등급	재산금액(만 원)	점수	등급	재산금액(만 원)	점수
1	450 이하	22	31	38,800 초과 ~ 43,200 이하	757
2	450 초과 ~ 900 이하	44	32	43,200 초과 ~ 48,100 이하	785
3	900 초과 ~ 1,350 이하	66	33	48,100 초과 ~ 53,600 이하	812
4	1,350 초과 ~ 1,800 이하	97	34	53,600 초과 ~ 59,700 이하	841
5	1,800 초과 ~ 2,250 이하	122	35	59,700 초과 ~ 66,500 이하	881
6	2,250 초과 ~ 2,700 이하	146	36	66,500 초과 ~ 74,000 이하	921
7	2,700 초과 ~ 3,150 이하	171	37	74,000 초과 ~ 82,400 이하	961
8	3,150 초과 ~ 3,600 이하	195	38	82,400 초과 ~ 91,800 이하	1,001
9	3,600 초과 ~ 4,050 이하	219	39	91,800 초과 ~ 103,000 이하	1,041
10	4,050 초과 ~ 4,500 이하	244	40	103,000 초과 ~ 114,000 이하	1,091
11	4,500 초과 ~ 5,020 이하	268	41	114,000 초과 ~ 127,000 이하	1,141
12	5,020 초과 ~ 5,590 이하	294	42	127,000 초과 ~ 142,000 이하	1,191
13	5,590 초과 ~ 6,220 이하	320	43	142,000 초과 ~ 158,000 이하	1,241
14	6,220 초과 ~ 6,930 이하	344	44	158,000 초과 ~ 176,000 이하	1,291
15	6,930 초과 ~ 7,710 이하	365	45	176,000 초과 ~ 196,000 이하	1,341
16	7,710 초과 ~ 8,590 이하	386	46	196,000 초과 ~ 218,000 이하	1,391
17	8,590 초과 ~ 9,570 이하	412	47	218,000 초과 ~ 242,000 이하	1,451
18	9,570 초과 ~ 10,700 이하	439	48	242,000 초과 ~ 270,000 이하	1,511
19	10,700 초과 ~ 11,900 이하	465	49	270,000 초과 ~ 300,000 이하	1,571
20	11,900 초과 ~ 13,300 이하	490	50	300,000 초과 ~ 330,000 이하	1,641
21	13,300 초과 ~ 14,800 이하	516	51	330,000 초과 ~ 363,000 이하	1,711
22	14,800 초과 ~ 16,400 이하	535	52	363,000 초과 ~ 399,300 이하	1,781
23	16,400 초과 ~ 18,300 이하	559	53	399,300 초과 ~ 439,230 이하	1,851
24	18,300 초과 ~ 20,400 이하	586	54	439,230 초과 ~ 483,153 이하	1,921
25	20,400 초과 ~ 22,700 이하	611	55	483,153 초과 ~ 531,468 이하	1,991
26	22,700 초과 ~ 25,300 이하	637	56	531,468 초과 ~ 584,615 이하	2,061
27	25,300 초과 ~ 28,100 이하	659	57	584,615 초과 ~ 643,077 이하	2,131
28	28,100 초과 ~ 31,300 이하	681	58	643,077 초과 ~ 707,385 이하	2,201
29	31,300 초과 ~ 34,900 이하	706	59	707,385 초과 ~ 778,124 이하	2,271
30	34,900 초과 ~ 38,800 이하	731	60	778,124 초과	2,341

보험료가 조정되거나 감면될 수 있으니 참고하기 바랍니다.

국민연금의 가입과 납부

임대사업을 시작해 임대소득이 발생하면 국민연금에 가입해야 하며 소득에 따른 연금보험료를 납부해야 합니다. 임대사업자가 별도로 국민연금공단에 연락하지 않더라도 공단은 국세청 및 관련 기관을 통해 소득 정보를 확보합니다. 해당 소득이 국민연금공단이 정한 기준을 넘어서는 경우, 공단은 지역가입자 취득신고서나 납부 재개신고서를 발송해서 국민연금에 가입하게 하며, 이후 정기적으로 납부고지서를 발송할 것입니다.

물론 임대사업자의 가입자 유형 및 소득에 따라 국민연금의 가입 의무는 달라집니다. 임대사업자가 이미 직장을 다니면서 국민연금에 가입되어 있는 경우라면 국민연금의 추가 납부 대상이 되지 않습니다. 또한 국민연금에 가입되어 있지 않은 경우에도 임대소득이 일정 수준에 미치지 못한다면, 국민연금 가입 의무가 없습니다. 그러나 다른 직장에서의 근로소득이 없고, 임대소득이 일정 수준 이상으로 발생하는 경우라면 국민연금 가입 의무가 발생해서 지역가입자로 등록되어 국민연금을 납부하게 됩니다.

임대사업자의 국민연금 납부액은 사업소득에 따라 결정되는데, 사업소득이란 임대수익에서 비용을 제외한 금액을 의미합니다. 그리고 이 사업소득을 국민연금 기준소득월액의 상한과 하한에 적용해 일정 범위 안으로 조정합니다. 즉, 사업소득이 기준소득월액의 상한을 초과하면 상한으로 간주하고 하한에 미치지 못하면 하한으로 간주하게 됩니다. 이 상한액과 하한액은 국민연금 전체 가입자의 평균소득을 3년간 평균한 값에 연동해서 매년 7월 변동되는데, 2025년 1월 기준의 기준소득월액 하한액은 39만 원이고, 상한액은 617만 원입니다. 이렇게 상하한이 적용된 기준소득월액에 보험료율 9%를 곱한 금액이 국민연금 보험료로 부과됩니다. 예를 들어 기준소득월액이 200만 원이라면, 국민연금보험료는 해당 금액의 9%인 18만 원이 됩니다.

한편 사업자등록 후 공실이 지속되어 임대소득이 발생하지 않았거나, 임대소득이 기준소득월액의 하한액에도 미치지 못해 국민연금을 납부하기 어려운 상황이라면, 국민연금공단에 납부 예외를 신청할 수 있습니다. 납부 예외 신청은 가까운 국민연금공단 지사에 방문해 [연금보험료 납부 예외 신청서]를 작성해서 신청하거나, 또는 [국민연금공단 홈페이지(www.nps.or.kr)]의 다음 메뉴에서 신청할 수도 있습니다. [개인 서비스] > [신고/신청] > [가입/소득/임의/반추납/실업크레딧] > [소득 없는 개인의 납부 예외 신청].

납부 예외가 신청되면 국민연금공단은 신청자의 상황을 검토해서 납부 예외를 승인하며, 일반적으로 소득이 없다는 사실이 지속되는 한 납부 예외가 유지됩니다. 그러나 납부 예외 기간 동안에는 연금 가입 기간이 인정되지 않기 때문에 향후의 연금 수급에 영향을 미칠 수 있습니다. 물론, 이후에 소득 상황이 개선되어 다시 임대소득이 발생하면, 다음 메뉴를 통해 국민연금공단에 신고할 수 있습니다. [개인 서비스] > [신고/신청] > [가입/소득/임의/반추납/실업크레딧] > [개인 납부 예외자의 납부 재개 등 신고(신청)].

공실을 더욱 빠르게 탈출하는 방법

상가 투자자들이 가장 피하고 싶은 상황은 바로 공실일 것입니다. 투자한 자산이 수익을 전혀 만들어내지 못하는 상황에 더해, 관리비와 같은 생각지 않은 비용까지 추가로 발생하기 때문입니다. 그래서 공실이 길어지면 경제적인 피해에 더불어 정신적인 고통도 겪게 됩니다.

같은 상가 건물에서도 층별로 기대수익률이 다른 이유에는 공실에 대한 우려도 포함되어 있습니다. 살펴봤듯, 1층의 기대수익률보다는 2층의 기대수익률이 높습니다. 그리고 2층보다는 3층의 기대수익률이 높습니다. 바꿔 말하면, 1층의 기대수익률이 가장 낮다는 것인데, 그럼에도 1층을 매수한다는 것은 기대수익률을 낮춰서라도 공실 발생 및 공실 장기화의 가능성을 낮춰 안정적으로 수익을 얻으려는 의도로 보아도 좋을 것입니다.

그러나 이렇게 피하고 싶은 공실은 결국 누구나 경험하게 됩니다. 물론 공실을 아직 경험하지 않은 임대사업자도 있을 것이지만, 임차인이 떠나는 때에 새 임차인을 구하지 못한다면, 바로 공실 상태로 전환되는 것이기에 상가 투자를 지속하다 보면 공실이라는 불청객을 언젠가는 만날 수밖에 없을 것입니다. 그렇게 어차피 겪어야 할 일이라면, 그 불청객을 빠르게 물리치는 방법을 미리 알아두는 것도 나쁘지 않을 것입니다.

공실 상태에서의 고정 비용

상가가 공실 상태에 있을 때의 가장 큰 고정 비용은 대출 이자와 상가 건물의 관리비일 것입니다. 사실 대출 이자는 이미 대출을 가지고 있었다면, 공실 상태이든 아니든 필수적으로 지출되어야 하는 부분입니다. 그러나 공실 상태에서는 수취한 임대료가 아닌 임대인의 온전한 자본으로 이자 비용을 충당해야 하기에 더욱 큰 부담으로 느껴지게 됩니다. 게다가 그런 부담스러운 상황이 기약 없이 지속되는 때에는 견디기 힘든 정신적 고통을 겪기도 합니다.

관리비는 상가에서 영업 활동을 하는 임차인이 납부하는 것이 일반적이지만, 공실 상태에서는 상가 소유자가 대신 납부할 수밖에 없습니다. 간혹 관리비를 납부하지 않고 연체하다가 임차인을 구한 때에 일괄 납부하는 경우도 있지만, 기한 후 납부의 경우 연체료가 발생하고, 또한 관리비는 건물의 관리와 유지에 필요한 예산이기에 매달 제때 납부하는 것이 좋습니다. 보통 상가 건물 우편함을 통해 관리비 고지서가 배부되거나 건물의 관리인이 직접 관리비 고지서를 각 호실 상가에 전달하기도 합니다. 공실 상태일 때에는 소유자가 상가에 머무는 것이 아니므로 미리 상가 관리단에 연락해서 공실 상태임을 알려두면, 매달 문자 또는 메일을 통해 관리비 고지서를 전달받을 수 있습니다.

이처럼 대출 이자와 상가 관리비를 공실에서의 고정 비용이라고 생각하기도 하지만, 사실 공실에서의 고정 비용은 관리비와 입금되지 않는 임차료에 대한 기회비용입니다. 즉, 임대료 200만 원 상당의 구분상가가 공실에 놓여 있고, 한 달 관리비가 30만 원씩 나간다면, 월간 고정 비용은 이 둘을 합친 230만 원으로 봐야 할 것입니다. 결국 이런 막심한 손해를 피하고자 한다면, 가능한 한 빠르게 공실에서 벗어나야 합니다.

공실을 벗어나는 가장 효과적인 방법

그러나 안타깝게도 공실을 빠르게 벗어나는 특별한 방법이 따로 있는 것은 아닙니다. 결론부터 이야기하자면 공실 탈출에 가장 효과적인 방법은, 임차인이 나타나기만을 수동적으로 기다리지 않고 임차인을 찾기 위한 적극적인 노력을 기울이는 것입니다.

매달 수백만 원이 지출되고 있는 뼈아픈 공실 상태는 냉정히 말해 오직 투자자 본인만의 문제입니다. 공실이 길어지는 경우, 손해를 보는 사람은 투자자 본인밖에 없습니다. 그리고 공실이 길어지는 상황에서 다급해지는 사람도 의뢰를 받은 공인중개사가 아닌 투자자 본인입니다. 그래서 나의 돈이 나가는 것이 아깝다면, 본인 스스로 문제를 적극적으로 해결해야 합니다.

공실 상태에서 '오늘은 나가겠지, 내일은 나가겠지'라는 마음으로 기다리다 보면 한 달, 석 달, 반년, 일 년이 금방입니다. 나무 밑에서 사과가 떨어지길 기다리며 입을 벌리고 있어도 사과는 떨어지지 않습니다. 사과를 떨어트리기 위해서는 당장 일어나서 나무를 세차게 밀고 흔들어야 할 것입니다.

최대한 많은 중개사무소에 임대를 의뢰

할 수 있는 첫 번째 방법은, 최대한 많은 중개사무소에 임대를 의뢰해두는 것입니다. 여기에서 말하는 많은 중개사무소의 개수란 2개, 3개가 아닌, 그 10배의 규모인 20개, 30개를 의미합니다. 중개사무소들은 임대 매물 정보를 공유하고는 있지만, 임차 상가를 찾는 손님이 방문한다면, 자신에게 직접 연락 온 물건을 먼저 소개하기 마련입니다. 타 중개사무소에 의뢰된 물건을 연결하는 경우, 중개수수료 수익을 해당 중개사무소와 나눠야 하기 때문입니다. 그러나 내게 의뢰가 온 경우라면, 임대인과 임차인 양측에서의 중개수수료를 모두 취할 수 있으므로, 더욱 적극적인 영업 활동을 가능하게 합니다.

그래서 가능한 한 많은 중개사무소를 넘어, 최대한 많은 중개사무소로의 의뢰가 필요합니다. 여러 중개사에 의뢰하는 것이 중개사에게 실례되는 상황은 아닌지 우려하는 경우도 있습니다. 그러나 매달 지출되는 나의 비용을 먼저 생각해봐야 할 것이며, 또한 중개사들은 오랜 영업 활동에서 다양한 고객들을 경험하게 되므로 그런 경우라고 해서 특별하게 신경 쓰지 않습니다. 특정 공인중개사와 전속 중개계약을 맺은 상황이 아니라면 여러 중개사에 의뢰해두는 것은 전혀 이상한 일이 아닙니다. 네이버 부동산의 등록 매물로 너무 많이 노출되는 것은 아닐지 우려할 수도 있습니다만, 이것도 걱정할 부분이 아닙니다. 적게 노출되는 것을 우려해야 하는 것이지, 많이 노출되는 것은 오히려 반길 일입니다. 임대 매물의 과노출 고민은 의뢰를 받은 공인중개사에게 넘겨도 됩니다.

한편 네이버지도 또는 카카오맵으로 의뢰할 중개사무소들을 손쉽게 찾을 수 있습니다. 지도 서비스 내에서 대상 상가를 지도의 중심에 두고 '중개사사무소' 또는 '부동산' 키워드로 검색하면 상가 인근의 중개사무소 목록을 확인할 수 있습니다. 지도를 축소할수록 더 많은 목록을 확보할 수 있으니, 약 30개 내외의 목록을 확보해 컴퓨터 또는 노트에 메모해둡니다. 중개사무소들을 찾은 이후에는 하나씩 연락해서 의뢰해야 하는데, 이 과정이 부담스럽게 느껴질 수도 있지만, 막상 30곳에 연락해서 의뢰하는 것에도 생각보다 많은 시간이 소요되지는 않습니다.

[현 지도에서 검색] 버튼으로 지역 내 부동산 확인

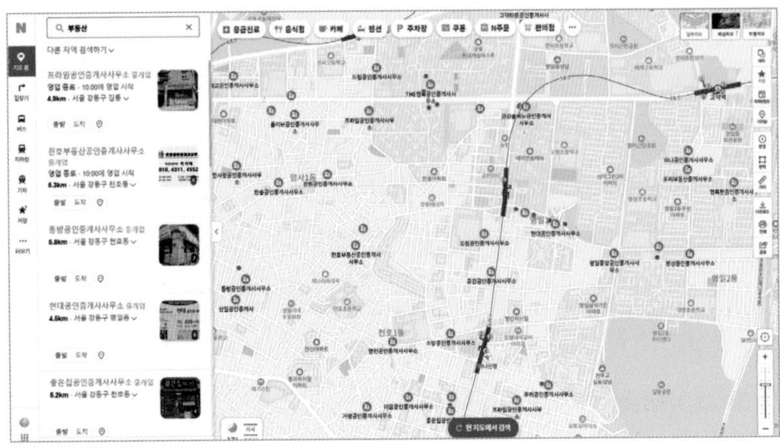

출처 : 네이버 지도

많은 중개사무소에 연락해보면 그들이 의뢰를 받은 모습도 천차만별임을 알 수 있습니다. 연락을 반기며 매우 적극적으로 대하는 중개사도 있고 바쁘거나 관심이 적은 듯 흘려듣는 중개사도 있습니다. 그렇더라도 그런 모든 상황을 매물 등록의 한 과정으로 생각하고 꿋꿋하게 진행하면 됩니다. 의뢰하다 보면 간혹 상가 정보를 더욱 상세히 알고자 하는 중개사들이 있습니다. 이런 경우에 대비해서 누구나 쉽게 접근할 수 있는 네이버 블로그에 상가의 상세한 정보 및 다양한 모습을 담은 사진들을 업로드한 포스팅을 미리 준비해두고 그 링크를 문자로 전달하는 방법이 있습니다. 또한 간혹 전화를 받기 어려워, 문자로 관련 내용을 보내달라는 중개사들도 있습니다. 이 경우를 대비해 다음과 같이 상세하게 준비된 문자를 미리 준비해두고 활용하는 것도 좋을 것입니다.

"안녕하세요, 중개사님. 방금 전화로 연락드린 홍길동입니다. 임대를 임대해드릴 상가는 평화동 스카이시티 2층 201호 상가로, 아리스 빵집 위층입니다. 전용 60㎡의 18평 상가로 현재 공실이고, 외벽에 임대 현수막을 크게 붙여놓은 곳입니다. 보증금 3,000만 원에 월세 200만 원(부가세 별도)으로 임차인을 구하고자 합니다. 기존에 월세 220만 원으로 임차인을 찾아오다가 근래 소폭 조정했습니다. 위 상가를 찾는 임차인을 만나시면 연락 부탁드립니다. 감사합니다."

최대한 눈에 띄는 임대 안내 표시

두 번째로 해야 할 것은 임대 현수막을 거는 것입니다. 물론 임차인을 찾는 대부분의 경우, 공실 상가의 전면에 다양한 형태로 임대 상황을 표시하고 있습니다. A4 용지에 임대 글씨를 크게 출력해서 붙이는 경우도 있고, 신문지를 펼친 크기의 임대 현수막을 인터넷에서 주문해서 붙여두기도 합니다.

그러나 공실을 빠르게 탈출하고자 한다면 더욱 과감하고 적극적으로 현재의 위치에 임대 중인 상가가 있음을 표시해야 합니다. A4 용지나 신문지 크기의 임대 현수막 수준을 넘어 외벽 및 유리를 가득 채우는 최대한 큰 사이즈로 임대 표시를 해두는 것이 좋습니다. 인터넷에서의 주문도 가능하지만, 내가 원하는 사이즈와 형태의 현수막을 찾기 어려운 때에는 직접 만드는 방법도 있습니다. 문구점에서 보드지를 준비해서 글자를 만들어 넣는 방법도 생각할 수 있

눈에 잘 띄는 상가 임대 표시

출처 : 저자 작성

으며, 이렇게 직접 만드는 경우에는 더욱 눈에 잘 뜨일 수 있는 색상으로 글자색과 배경색을 조합해야 할 것입니다.

실제로 임대 현수막을 보고 직접 연락을 보내오는 임차인들이 생각보다 많습니다. 인근에서 사업을 준비하는 예비 창업자들은 동네를 이동하는 도중에도 항상 더 좋은 사업장을 찾기 위해 신경을 기울이고 있기 때문입니다. 그래서 그들의 눈에 더 잘 뜨일 수 있도록 크고 명확하게 임대 표시를 해두는 것은 중요합니다.

여기에서 한 가지 또한 중요한 부분이 있습니다. 바로 임대 안내에서의 연락처를 중개사무소의 연락처가 아닌, 나의 전화번호를 표시해야 한다는 점입니다. 나의 전화번호를 공개된 곳에 노출한다는 것이 꺼려질 수도 있지만, 매달 나의 피 같은 돈이 지출되고 있는 상황을 상기해야 합니다. [주인 직접]이라는 문구와 함께 본인의 전화번호를 기재하십시오. 임대 안내에 내 전화번호가 아닌 특정 중개사무소의 연락처를 기재해두는 것은, 다른 중개사무소들의 적극적인 개입을 방해하기도 합니다. 타 중개사무소가 직접 관리 중인 물건이라는 오해를 줄 수 있기 때문입니다.

현실적이고 객관적인 임대료 설정

사실 공실을 빠르게 해결할 수 있는 가장 간단한 방법이 있습니다. 바로 임대료를 낮추는 것입니다. 상권에 특별히 문제가 없는 지역이라면, 200만 원에 내놓은 임대료를 100만 원으로 내린다면 아마 오래지 않아 공실은 해결될 것입니다. 물론 임대료는 수익률로 바로 연결되고, 수익률은 바로 상가의 가격을 결정하기에 투자자 입장에서 임대료를 낮춘다는 것은 결코 쉬운 일이 아닙니다. 게다가 임대가 된 상황에서도 이후 임대료를 올리는 것이 쉽지 않음을 알기에 처음 생각했던 임대료를 고집하게 됩니다.

그러나 시장은 나의 마음대로 움직이지 않습니다. 시장은 시세를 냉정하게 반영하며, 그것을 거스르려 하거나 외면한다면 오랫동안 적지 않은 손해를 입을 수 있습니다. 현재 설정한 임대료에서 반년 이상 연락 오는 곳이 없거나, 연락이 오더라도 계약까지 원활하게 진행되지 않고 번번이 실패한다면, 설정한 임대료는 시장의 기대보다 비싼 상태라고 인정해야 합니다. 무작정 임대료를 낮추라는 것이 아닙니다. 나의 희망에 따른 임대료의 설정이 아닌, 변화하고 있는 시장의 흐름에 따라 객관적이고도 합리적으로 임대료를 설정할 수 있는 안목과 용기가 필요합니다.

임대차를 중개하는 인터넷 서비스 이용

인터넷에는 상가 임대차를 중개하는 많은 서비스가 있습니다. 그들은 시장의 상황에 따라 늘어나기도 하고 또 쉽게 사라지기도 합니다. 그만큼 좋은 서비스를 잘 찾아내어 이용하는 것이 중요합니다. 인터넷에서 이용자들의 경험을 많이 찾아본다면 좋은 서비스를 찾는 것에 도움이 될 수 있습니다.

인터넷에서 널리 알려진 상가 임대차 중계 서비스 중 하나로 공실클럽(https://n.gongsilclub.com)이 있습니다. 공실클럽은 특히 강남에 위치한 상가 건물의 공실을 해결하는 것에 효과가 좋다는 시장의 평가가 있습니다. 유료 서비스도 있지만, 무료 기능으로도

강남 상가의 공실 해결에 특화되어 있다는 공실클럽

출처 : 공실클럽

내 상가의 임대를 등록할 수 있고, 등록된 매물에 대해 서비스 담당자가 주기적으로 공실 여부를 전화를 통해 확인하기에 서비스에 대한 신뢰를 높여줍니다.

또한 중고 물품의 개인 간 직거래로 유명한 당근마켓의 부동산 서비스인 당근 부동산(www.daangn.com/realty)을 이용할 수도 있습니다. 당근 부동산 역시 무료로 내 상가의 임대를 등록할 수 있으며, 노출 빈도를 높이기 위해 돈을 지불해서 광고 상품을 적용할 수도 있습니다. 이렇듯 널리 알려진 서비스들이 있지만, 실제 효과에 비해 과도하게 높은 등록비 또는 광고비를 요구하는 서비스들도 있으니, 예산을 사용하려는 경우에는 가능한 한 여러 서비스를 살펴본 후 노출 규모 및 효과를 종합적으로 비교해서 이용을 결정하기 바랍니다.

공실에서 벗어난 때에는 등록된 매물을 내려야

비로소 공실을 벗어난 때에는 중개사무소를 통해 등록한 네이버 부동산의 매물 정보들과 직접 등록했던 중개 서비스들의 매물 정보들을 모두 내려야 합니다. 임대차가 완료된 임대 매물이 그대로 노출되고 있다면, 중개사들과 임차 수요자들에게 혼동을 줄 수 있기 때문입니다. 이는 다소 번거로운 과정일 수도 있지만, 공실이 해결된 기쁜 마음으로 등록 건들을 꼼꼼히 확인하며 정리하길 당부합니다. 아마도 그 과정에서 몇몇 중개사무소로부터는 "고생이 많으셨다. 축하드린다"라는 격려도 들을 수 있을 것입니다.

임대차계약은 이렇게 해야 합니다

임대차계약을 위해 알아야 할 것들

임차인이 있는 상태에서 포괄양수도계약으로 구분상가를 매수했다면 임대차계약까지 함께 인수하며, 임대사업이 바로 시작됩니다. 반면 공실이었던 상가를 매수하는 때에는 임차인을 찾아 임대차계약을 체결하고 잔금이 완료되는 때에 비로소 임대사업이 시작될 것입니다. 물론 상가 매수와 동시에 임대차계약을 인수했더라도 언젠가는 새로운 임차인과 임대차계약을 해야 하는 날을 맞이할 것입니다. 그래서 이 장에서는 임대차계약 과정 전체에 도움이 되는 내용을 다룹니다.

권리금

권리금은 상가에서 이미 영업하고 있던 사람이나 새로 영업을 시작하려는 사람이 그 상가에서 기존에 쌓아온 거래처, 신용, 영업 노하우, 위치에 따른 이점 등의 재산적 가치를 이전받거나 이용하는 대가로 기존 임차인에게 지불하는 돈을 말합니다. 경우에 따라서는 기존 임차인이 아닌, 임대인이 보증금과 임대료에 더해 권리

금까지 요구하는 경우도 있지만, 이는 흔한 경우라고 볼 수는 없습니다. 이런 권리금에 대해 신규 임차인과 기존 임차인 사이에 권리금 계약이 체결될 수 있으며, 이 계약은 임대차계약과는 별개의 계약으로 임대인은 이 권리금 계약에 대해서는 직접적인 이해관계를 가지지 않습니다.

권리금은 크게 바닥권리금, 영업권리금, 시설권리금, 그리고 허가권리금으로도 나눌 수 있습니다. 바닥권리금은 유동 인구가 많은 좋은 상권의 입지 자체에 적용되는 권리금입니다. 누구나 입점을 희망할 만큼 좋은 위치의 상가들에는 바닥권리금 시세가 형성된 경우가 많으며, 이 권리금은 주변의 유사 상가들에서의 거래 사례를 바탕으로 책정됩니다. 일종의 자릿세와 같은 개념이라고 볼 수 있습니다.

영업권리금은 기존에 안정적으로 영업이 진행되고 있는 업종을, 새로운 임차인이 그대로 인수해 해당 영업을 그대로 이어나가려는 경우에 지불하는 권리금 유형입니다. 신규 임차인은 기존 임차인의 영업 노하우와 단골 고객, 그리고 거래처 등을 모두 인수하는 만큼 안정적으로 사업을 시작할 수 있는 장점이 있고, 이때의 권리금은 그 장점의 대가라 할 수 있습니다. 이 경우의 권리금은 해당 사업장에서 6~12개월 동안 발생하는 순수익으로 계산되는 경우가 많습니다.

시설권리금은 신규 임차인이 해당 상가에서 새롭게 영업을 시작하지만, 이전 임차인이 사용하던 시설을 전부 또는 일부 인수해서 사용하고자 할 때 해당 시설물들의 대가로 지불하는 금액을 말합니다. 상가 매장의 인테리어나 에어컨, 주방기기, 테이블, 의자 등을 예로 들 수 있습니다. 사실 이런 시설물들은 신규 임차인이 인수를 원하지 않는 경우, 상가 건물의 원상복구를 위해서라도 모두 철거 및 처분되어야 할 것입니다. 그래서 보통 감가가 많이 적용된 상태로 권리금이 계산되곤 합니다.

마지막 허가권리금은 이상의 권리금들과는 다르게, 법적인 규제나 행정적인 제한으로 인해 설정된 영업 허가권이나 특정한 지위를 이전하는 대가로 지불되는 권리금입니다. 담배 판매권, 복권 판매권, 주유소, 목욕탕, 세차장, 숙박업 등을 예로 들 수 있으며, 이러한 특수성 때문에 허가권리금은 때때로 높은 금액으로 계산되기도 합니다.

이렇듯 권리금은 여러 유형으로 나눌 수 있으나, 현장에서는 이런 요소들을 종합적으로 고려해서 권리금이라는 하나의 이름으로 정리하는 경우가 많습니다. 이런 권리금의 시세는 대체로 주관적으로 판단되기에 그 편차가 크기도 합니다. 또한 권리금은 추후 영업을 종료하는 때에 새로운 임차인으로부터 돌려받을 수 있을 것이라는 보증금의 성격도 가지고 있습니다. 그러나 상권은 시간에 따라 변화하는 만큼 보증금의 유무나 크기도 변화할 수 있기에 임차인의 입장에서는 세심한 검토가 필요한 부분이기도 합니다.

임대인의 입장에서도 유의해야 할 부분이 있습니다. 권리금은 상가건물 임대차보호법으로 법적 보호를 받으며, 임대인은 임차인의 권리금 회수를 방해할 수 없도록 규정되고 있다는 점입니다. 관련 조항에 따라 임차인은 임대차 종료 시 새로운 임차인에게 권리금을 받을 수 있는 권리가 보장되므로, 임대인은 계약 종료 시점에 임차인이 새로운 임차인을 구해서 권리금을 회수할 수 있도록 협조해야 합니다. 만약 이 과정에서 기존 임차인이 소개한 새로운 임차인과의 계약을 임대인이 부당하게 거절하는 경우에는, 기존 임차인이 이를 권리금 회수를 방해하는 행위로 간주해서 임대인에게 손해배상을 청구할 수 있습니다.

렌트프리

렌트프리는 임차인이 임대인의 동의를 얻어 일정 기간 동안 임대료를 지불하지 않아도 되거나, 또는 임대료를 할인해서 지불할 수 있는 혜택을 의미합니다. 상가 임대차계약에서 렌트프리의 적용이 당연한 사항은 아니며, 임대인 우위의 시장에서는 렌트프리가 고려되지 않는 경우도 많습니다. 그러나 근래 불경기가 지속되며 임차인 우위 시장에 접어들면서, 임대차계약 과정에서 렌트프리가 요구되는 경우가 크게 늘었습니다. 이 경우, 임대인의 입장에서는 임차인의 렌트프리 요구가 적정한 수준인지, 그리고 어느 수준까지를 수용해야 하는지에 대한 고민이 깊어지게 됩니다.

임대차계약이 체결되면 임차인은 사업을 시작하기 위한 인테리어 공사를 시작하게 됩니다. 인테리어 공사 기간은 그 수준과 공간의 크기에 따라 다르지만 대략 2~4주 정도 소요되며, 해당 기간 동안의 렌트프리 제공은 통상적인 수준으로도 볼 수 있습니다. 이는 인테리어 기간에는 정상적인 영업 활동을 할 수 없어 수입이 발생하지 않으므로 이를 보전해주기 위한 배려의 차원입니다. 그래서 임차인을 구하기에 어려움이 있었고, 임차인이 일정 수준의 렌트프리를 요구하는 경우라면, 인테리어 공사 기간에 한 달 정도의 기간을 더한 렌트프리 기간을 제시해보는 것도 괜찮을 것입니다.

참고로 인테리어 공사 시점과 연계해 관리비 협의가 진행되는 경우도 있습니다. 즉 인테리어 공사를 시작하는 시점을 전후해서 관리비의 부담 주체를 임대인과 임차인으로 구분하자는 것으로, 인테리어 공사 이전에는 임차인이 상가를 사용수익하지 않는 상황이기에, 해당 기간에 대한 관리비 납부는 적절치 않다는 의견에 근거한 협의입니다. 물론 잔금일을 기준으로 관리비 부담을 정산하는 경우도 또한 일반적이므로, 선호에 따라 임차인과 사전 협의를 통해 정리해두는 것이 좋습니다.

임차인과 임대차계약을 진행하는 때에 렌트프리를 요구받는 것이 당혹스럽게 느껴지는 경우도 있을 것입니다. 특히 긴 공실 이후에 임차인을 구한 경우라면, 이미 오랫동안 손해를 보고 있는 상황에 더해 렌트프리로 인해 실제 수익의 발생 시기는 더욱 늦춰지기 때문입니다. 그러나 임차인 입장에서는 영업권리금을 지불하며 기존 사업을 그대로 이어받는 것이 아닌 한, 실질적인 수익을 빠르게 만들어내기 어려운 것이 사실입니다. 임대인과 임차인은 같은 공간에서 함께 수익을 창출하는 동업자 관계임을 생각해본다면, 임차인의 사업이 자리를 잡는 동안 적정한 수준에서 렌트프리를 수용해주는 배려도 필요할 것입니다. 다만 렌트프리를 악용하는 일부 상황을 방지하기 위해, 임차인이 계약 기간 만료 전 중도해지 시 렌트프리 비용을 배상하게 하는 특약을 설정하기도 하니 참고하기 바랍니다.

마지막으로, 임대인 입장에서는 렌트프리의 제공이 임대료의 감액보다는 낫다는 점도 생각해볼 필요가 있습니다. 임대료는 해당 상가가 만들어낼 수 있는 금전적 가치의 척도로 이어지기에, 상가 건물의 가격에 직접적인 영향을 미치게 됩니다. 즉, 임대료의 할인은 곧 상가가격의 하락으로 연결될 가능성이 매우 큽니다. 게다가 할인된 임대료를 향후 다시 인상해서, 원래의 수준으로 회복하는 것은 상황에 따라 쉽지 않을 수 있습니다. 반면 렌트프리는 임대인에게 일시적인 금전적 손해를 발생시키지만, 시간이 경과하면 원래의 임대료 상황으로 즉시 회복된다는 특성을 가지고 있습니다.

초일불산입

임대차계약에서의 초일불산입은 계약 기간의 계산과 관련된 중요한 개념입니다. '초일불산입'이란, 계약의 시작일(초일)을 기간의 계산에서 제외하고, 그다음 날부터 기간을 계산하는 것을 의미합니다. 즉, 계약이 시작된 첫날은 기간에 포함하지 않고 두 번째 날부터 계산이 시작됨을 의미합니다.

그래서 임대차계약 기간에 초일불산입을 적용하는 때에는 임대차계약의 첫날은 임대차 기간에 포함되지 않습니다. 예로 7월 1일부터 1년 기간의 임대차계약을 생각해보면, 초일불산입을 적용한 때의 계약 기간은 7월 2일부터 다음 해 7월 1일까지로 계산됩니다. 반면 초일불산입을 적용하지 않는 때의 계약 기간은 7월 1일부터 다음 해 6월 30일까지로 계산될 것입니다.

초일불산입은 계약 기간에 대한 계산을 명확하게 함으로써 계약 종료일에 대한 혼란을 줄이는 것에 그 목적이 있습니다. 특히 임대차계약에서 해당 개념이 중요한 이유는, 계약의 갱신과 해지 및 보증금 반환 등에 대한 여러 중요한 시점들이 명확하게 정의되기 때문입니다. 민법에서도 기간 계산 시 초일불산입 원칙을 따르고 있음을 민법 제155조에서 밝히고 있습니다. 그래서 계약서에 초일불산입에 대한 특별한 언급이 없고, 당사자 간에도 그와 관련된 별도의 합의가 없다면 통상 초일불산입 원칙이 적용됩니다.

물론 상호 합의에 따라 초일을 계산에 포함시킬 수 있습니다. 반면에 이를 명시하지 않은 경우에는 법적인 분쟁이 발생할 수도 있으므로, 임차인과의 합의를 거쳐 '본 계약에서의 기간은 초일불산입 방식으로 계산한다'라는 내용을 계약서 내에 명시해두는 것이 안전할 것입니다.

임대차계약과 실행의 각 과정

임대차계약 당일, 임대인과 임차인이 중개사무소에서 만나 그제야 임대차계약서를 작성하는 경우는 흔치 않습니다. 이는 계약 당일에 계약의 과정이 빠르게 진행될 수 있도록, 담당 공인중개사가 사전에 상호 간의 의견을 조율하며 임대차계약서를 미리 작성해 두기 때문입니다. 그렇게 임대차계약서는 사전에 문자 메시지 등으로 확인받으며 정리되기에, 계약 당일에는 계약서를 최종적으로 확인한 후 이름을 적고 도장을 찍는 기명날인을 완료하면 됩니다.

임대차계약서

민법은 계약서의 작성에서 특정한 형식을 따라야 한다고 명시하고 있지는 않습니다. 이는 민법이 계약의 내용, 형식, 당사자를 자유롭게 결정할 수 있음을 의미하는 '계약 자유의 원칙'을 따르고 있기 때문입니다. 그러나 일부 계약의 경우는 혼선과 분쟁을 막기 위해 관련 법률에서 특정한 형식을 요구하는 경우가 있습니다. 상가

법무부가 배포하는 상가건물 임대차 표준계약서

이 계약서는 법무부에서 국토교통부·서울시·중소벤처기업부·소상공인진흥공단 등 유관 기관 및 학계 전문가와 함께 민법, 상가건물 임대차보호법, 공인중개사법 등 관계법령에 근거하여 만들었습니다. **법의 보호를 받기 위해 【중요확인사항】(별지)을 꼭 확인하시기 바랍니다.**

□보증금 있는 월세
□전세 □월세

상가건물 임대차 표준계약서

임대인(이름 또는 법인명 기재)과 임차인(이름 또는 법인명 기재)은 아래와 같이 임대차 계약을 체결한다

[임차 상가건물의 표시]

소 재 지				
토 지	지목		면적	㎡
건 물	구조·용도		면적	㎡
임차할부분			면적	㎡
유의사항: 임차할 부분을 특정하기 위해서 도면을 첨부하는 것이 좋습니다.				

[계약내용]

제1조(보증금과 차임 및 관리비) 위 상가건물의 임대차에 관하여 임대인과 임차인은 합의에 의하여 보증금과 차임 및 관리비를 아래와 같이 지급하기로 한다.

보 증 금	금 원정(₩)
계 약 금	금 원정(₩)은 계약시에 지급하고 수령함. 수령인 (인)
중 도 금	금 원정(₩)은 ______년 ______월______일에 지급하며
잔 금	금 원정(₩)은 ______년 ______월______일에 지급한다
차임(월세)	금 원정(₩)은 매월 일에 지급한다. 부가세 □ 불포함 □ 포함 (입금계좌:)
환산보증금	**금 원정(₩)**

출처 : 법제처 국가법령정보센터

임대차계약도 이에 해당해서 민법, 상가건물 임대차보호법, 공인중개사법 등 관계 법령에 근거해서 만들어진 상가건물 임대차 표준계약서를 사용하도록 규정되어 있습니다.

그래서 보통의 중개사무소들은 표준계약서 양식에 기반해 기본적인 항목까지 미리 기입해둔, 자체의 임대차계약서 양식을 준비해서 활용하게 됩니다. 이런 상가 임대차계약서는 크게 임차 상가 건물의 표시와 계약 내용, 임대인과 임차인 및 개업 공인중개사의 인적 정보로 구성됩니다. 계약 내용에서 보증금, 계약금, 중도금, 잔

금, 차임(월세) 등이 기본적으로 명시되며, 부가적으로 계약 기간, 용도변경 및 전대, 계약의 해지, 계약의 종료, 계약의 해제, 채무불이행과 손해배상, 중개보수, 확인설명서 교부 등의 내용과 특약 사항이 기재됩니다.

이들 중 특히 관심 있게 살펴봐야 하는 부분이 있는데, 그중 하나는 월세의 선불 또는 후불 여부입니다. 임대인은 당연하게 선불을 선호할 것이고 임차인은 후불을 더 선호할 것입니다. 그러나 현재의 상가가 특별히 좋은 상권과 입지에 있어서 여러 임차인이 탐을 내는 곳이라면 선불 협의도 가능하겠지만, 통상적으로는 후불이 선택되는 경우가 많습니다. 임대료를 협상하는 때에 임대차의 상황에 맞도록 협의가 필요한 부분입니다. 또한 앞서 언급된 초일불산입 여부도 월세 항목에 함께 기재해두는 것이 좋습니다.

다음으로 살펴볼 부분은 임대차계약 기간(존속 기간)입니다. 주택의 전세는 통상 2년의 기간으로 계약되지만, 상가의 경우는 1년 또는 2년의 기간이 모두 사용되고 있습니다. 계약 기간이 짧을수록 임대료를 조정할 수 있는 기회는 보다 빈번하게 있겠지만, 계약 기간의 만료를 조금이라도 덜 신경 쓰고 싶은 경우라면 2년을 선택할 수도 있을 것입니다. 이렇듯 어느 기간을 선택할 것인지는 선호에 달린 문제로, 역시 임차인과 사전에 정리해두는 것이 좋습니다.

또한 중요하게 살펴야 하는 것으로 특약 사항이 있습니다. 계약이 체결된 이후로는 그 내용을 수정할 수 없기에, 신경이 쓰이거나 모호한 부분들은 특약으로 명시해두는 것이 좋습니다. 물론 지나치게 많은 특약 또는 과한 요구의 특약을 설정하려 한다면, 임차인과의 협의가 어려워질 수도 있음을 고려해야 합니다. 특약 사항으로 주로 명시되는 것은 렌트프리에 대한 내용, 잔금 시 국세 및 지방세 납부증명서를 통한 미체납 증명의 약속, 임대인은 권리금에 대해 무관하다는 내용, 부동산의 용도 및 표시변경 필요시의 비용 부담 주체 등이 있습니다. 또한 '계약에서 발생 가능한 기타사항들은 상가건물 임대차보호법 및 부동산 임대차계약 일반관례에 따른다'라는 내용이 특약 사항에 함께 추가됩니다.

마지막으로 계약서 하단에 기재된 계약 당사자들의 인적 정보 부분을 특히 중요하게 살펴야 합니다. 중개사는 계약 과정에서 상대방의 신분증을 교환하게 해서 계약서상의 인적 정보를 확인하도록 하는데, 이때에는 나의 인적 정보뿐만 아닌 임차인의 인적 정보까지를 매우 세심히 살필 필요가 있습니다. 인적 정보에서의 오탈자 하나로도 계약이 파기되거나 무효해질 수 있기에 기재된 주소, 주민등록번호, 전화번호, 이름 등 모든 인적 정보를 적어도 세 번은 살펴보기를 바랍니다. 이후 모든 기재사항에 문제가 없다면 기명 날인해서 계약의 체결을 완료합니다.

잔금 영수증과 현관 열쇠

통상의 임대차계약 과정에서 임대인과 임차인은 계약일과 잔금일에 두 번 만나게 됩니다. 계약일에는 계약서 확인 및 계약을 체결한 후 헤어지고, 잔금일에는 잔금의 납부와 상가의 인도가 진행됩니다. 그러나 현장에서는 중개사의 도움을 통해 임대인과 임차인이 잔금일에는 굳이 만나지 않는 경우도 있습니다. 상가 임대차계약에서는 매매계약과는 다르게 상가 소유자인 임대인이 잔금을 수령한 이후에 처리해야 할 부분들이 많지 않기 때문입니다.

잔금일 당일 임차인으로부터 잔금이 입금되면, 임대인은 잔금을 확인하고 임차인에게 영수증을 교부해야 합니다. 그러나 계약일에 영수증을 미리 작성해서 담당 중개사에게 맡겨둔 후, 잔금의 입금이 확인된 때에 중개사를 통해 해당 영수증을 임차인에게 교부하도록 할 수 있습니다. 그리고 상가 현관의 열쇠도 중개사에게 미리 맡겨두어 잔금 영수증이 교부되는 때에 함께 전달될 수 있도록 준비해둘 수 있을 것입니다.

관리비

기존 임차인은 임차가 종료되는 때에 상가 관리업체에 연락해서 관리비를 정산하고, 발급받은 관리비 납부확인서를 임대인에게 제공합니다. 그래서 기존 임차인의 퇴거일이 신규 임차인의 잔금일과 동일한 경우라면, 임대인은 해당 관리비 납부확인서를 신규 임차인

에게 바로 제공할 수 있을 것입니다. 그러나 주택의 임대차와는 다르게, 상가 임대차에서는 기존 임차인의 임차 종료와 신규 임차인의 임차 시작이 한날에 진행되기는 쉽지 않습니다. 즉, 기존 임차인과의 계약이 종료된 이후로, 짧거나 긴 기간의 공실 상태에서 신규 임차인의 임차가 시작되는 경우가 일반적입니다.

한편 공실 상태에서의 관리비 납부 주체는 임대인이기에, 임대인은 상가 관리업체에게 중간관리비 명세서를 전달받아 관리비를 정산하고, 발급받은 관리비 납부확인서 사본을 신규 임차인에게 제공해야 할 것입니다. 중개사의 도움으로 임차인을 만나지 않는 경우라면, 해당 납부확인서를 중개사에게 문자나 메신저를 통해 전달할 수 있을 것입니다.

덧붙여 공실 상태가 되어 임대인이 관리비를 납부해야 하는 상황이 된다면, 그에 대한 세금계산서가 정상적으로 발급될 수 있도록 상가 관리업체에 해당 내용을 전달하고, 이후 관리비 수취에서의 세금계산서 발급을 미리 요청해두는 것이 좋습니다. 관리비는 다양한 성격의 항목들로 구성되어 있으며, 그중 일반관리비와 같은 항목에는 부가가치세가 부과되기 때문입니다. 임대인은 발급받은 세금계산서 이력을 향후 부가가치세 신고 시 매입 부가가치세 공제에 활용할 수 있습니다.

중개수수료

주택의 경우 매매와 임대차의 중개수수료율이 다르지만, 상가의 경우는 매매와 임대차에서의 중개수수료율이 동일합니다. 그리고 공인중개사법 및 관련 법령은 상가에 대한 중개 보수 및 수수료율을 다음과 같이 규정하고 있습니다. "중개의뢰인 쌍방으로부터 각각 받되, 거래금액의 1,000분의 9 이내에서 중개의뢰인과 개업 공인중개사가 서로 협의해 결정한다." 즉, 공인중개사를 통해 상가 임대차계약을 체결한 경우에는 거래금액의 0.9% 이내에서 중개수수료가 결정될 수 있는데, 현장에서는 거래금액이 크지 않은 경우에는 통상적으로 0.9%의 수수료율이 적용되는 경우가 많습니다.

그런데 이때의 거래금액에 대한 의미를 살펴볼 필요가 있습니다. 상가 임대차계약에서의 거래금액은 임대차보증금과 월세를 합산한 금액을 기준으로 산정하며, 이때의 월세는 월임차료의 100배를 의미합니다. 예를 들어, 보증금 1억 원에 월임차료 200만 원인 경우, 중개수수료의 기준이 되는 거래금액은 3억 원이 되고, 중개수수료는 이 거래금액의 0.9%에 해당하는 270만 원이 됩니다. 물론 270만 원의 10%에 해당하는 27만 원의 부가가치세를 추가로 지불해야 합니다.

상가 임대차 중개수수료 거래금액
= 보증금 1억 원 + (월임차료 200만 원×100)
= 보증금 1억 원 + 2억 원 = 3억 원

상가 임대차 중개수수료
= (3억 원×0.9%) + 부가가치세 10%
= 270만 원 + 부가가치세 27만 원 = 297만 원

물론 중개수수료는 사업을 위한 비용이므로, 중계수수료에서 지불되는 부가가치세는 이후의 부가가치세 신고에서 공제할 수 있습니다. 그래서 임대인은 중계수수료에 대한 세금계산서의 발급을 중개사에게 요청해야 합니다. 경우에 따라서는 세금계산서가 아닌 현금영수증을 발급해주는 중개사도 있습니다만, 이 방식도 부가가치세 신고 시 세금계산서와 동일한 방식으로 공제 처리될 수 있으니 문제되는 부분은 아닙니다.

임대차로 인한 부동산 표시 변경

임차인이 잔금을 완납하고 임차한 상가를 사업장으로 해서 사업을 시작하려는 때에, 임차인의 사업 업종과 상가의 건축물대장상 용도(건축물대장 > 전유부분 > 용도)가 맞지 않아 문제가 발생하는 경우가 있습니다. 이 상황을 잘 이해하고 대응하기 위해 건축물의 용도를 먼저 살펴보겠습니다.

건축법 시행령은 건축물의 용도를 31종으로 구분하고 있으며, 이 각각의 용도는 9개의 시설군으로 분류됩니다. 그리고 건축물의 용도를 변경하려 할 때는 관할 지자체장의 허가를 받거나 신고가 필요합니다. 이때 용도의 변경이 상위의 시설군으로 변경되어야 한다면 허가가 필요하고, 반대로 하위의 시설군으로 변경되어야 하는 때에는 허가보다 그 절차가 간단한 신고로 처리됩니다. 또한 같은 시설군 내에서의 용도 변경은 건축물대장 기재 내용의 변경 신청 대상에 해당해 또한 간단히 처리될 수 있습니다.

9개의 시설군과 31가지의 건축물 용도

시설군	용도군
1. 자동차 관련 시설군	자동차 관련 시설
2. 산업 등의 시설군	운수 시설, 창고 시설, 공장, 위험물 저장 및 처리 시설, 자원순환 관련 시설, 묘지 관련 시설, 장례 시설
3. 전기통신시설군	방송통신 시설, 발전 시설
4. 문화집회시설군	문화 및 집회 시설, 종교 시설, 위락 시설, 관광휴게 시설
5. 영업시설군	판매 시설, 운동 시설, 숙박 시설, 제2종 근린생활 시설 중 다중생활 시설
6. 교육 및 복지시설군	의료 시설, 교육연구 시설, 노유자 시설, 수련 시설, 야영장 시설
7. 근린생활시설군	제1종 근린생활 시설, 제2종 근린생활 시설(다중생활 시설은 제외)
8. 주거업무시설군	단독주택, 공동주택, 업무시설, 교정시설, 국방·군사 시설
9. 그 밖의 시설군	동물 및 식물 관련 시설

* 건축법 시행령 중 대통령령 제34785호(2023.05.15 개정)

부동산 표시변경은 원칙적으로는 건물의 소유자인 임대사업자가 처리해야 합니다. 그러나 변경 필요의 사유가 임차인의 사업자등록에 따라 발생한 것이므로, 관례상 임차인이 대리해서 처리하기도 합니다. 물론 이때에 임대인은 임차인에게 위임장과 인감증명서 등을 제공해야 할 필요가 있습니다.

건축물의 용도를 살펴보았으니 문제 상황의 예시로 돌아오겠습니다. 임차한 구분상가의 용도가 '일반음식점(제2종 근린생활시설)'인 상황에서 임차인이 학원을 새로 시작하려 합니다. 임차인은 학원 사업을 위해 관할 교육지원청에 학원의 설립을 등록해야 하는데, 지역의 교육지원청에 따라서 사업장의 용도를 더욱 명확하게 '학원(제2종 근린생활시설)'으로 변경할 것을 요구하는 경우가 있습니다. 앞서, 같은 시설군 내에서의 용도 변경은 변경 신청으로 간단히 처리될 수 있음을 설명했으나, 문제는 간혹 관할 지자체에서 해당 변경 신청을 부당하게 거절하는 경우가 있는 것입니다.

이는 건축법시행령 [별표 1] '용도별 건축물의 종류'에서 '제2종 근린생활시설의 학원'을 다음과 같이 명시하고 있기 때문입니다. "학원, 교습소, 직업훈련소로서 같은 건축물에 해당 용도로 쓰는 바닥면적의 합계가 500m^2 미만인 것." 이 조항은 한 건물 내 모든 학원들의 바닥면적 합이 일정 기준을 넘어선다면, 그들이 사용하는 건물의 용도는 제2종 근린생활시설의 학원이 아닌, 교육연구시설의 학원으로 용도가 변경될 필요가 있다는 것을 의미합니다. 그리고 그와 같은 변경은 단순 신청이 아닌 허가를 필요로 하는 큰 변경이 됩니다.

그러나 해당 조항은 후발 창업자의 창업을 제한한다는 부작용을 오랫동안 만들어왔기에, 2014년 국토교통부 정책과는 이를 다음과 같이 개정하게 되었습니다. "동일한 건축물 안에서 소유주(임차인)별로 '근린생활시설(학원)'로 사용하는 바닥면적의 합계가 500㎡ 이상일 경우에는 교육연구시설로 변경해야 한다." 즉, 건물 내 모든 학원들의 바닥면적 총합을 기준하는 것이 아닌, 각 소유자 또는 임차인별로 사용하는 바닥면적을 기준하기로 정책이 완화된 것입니다. 그럼에도 불구하고 일부 지자체에서는 이러한 정책 완화 사실을 인지하지 못하는 경우가 있어, 변경 신청이 거절되고도 있던 것입니다.

그래서 임차인의 학원 면적이 500㎡(약 151평)에 미치지 않는 상황에서 부동산 표시변경이 필요하다면, 건축물대장 기재 내용 변경 신청만으로도 건축물대장상의 용도를 간단히 변경할 수 있음을 알아둘 필요가 있습니다. 다만 이때에 관할 지자체의 담당자는 상가 건물 내 각 학원들의 소유주(임차인)가 다른 현황을 확인할 수 있는 문서를 요청할 수도 있습니다.

필요한 만큼의 상가건물 임대차보호법

안전하게 임대사업을 영위하기 위해서 상가건물 임대차보호법을 알아두는 것은 중요합니다. 물론 관련 규정 모두를 살펴보거나 이해할 필요는 없겠지만, 임대사업 활동에 직접적으로 영향을 주는 규정들은 미리 살펴보는 것이 좋습니다.

상가임차인을 보호해서 국민 경제생활의 안정을 보장하는 것에 목적을 두는 상가건물 임대차보호법은, 임대차와 관련된 사항들에서 민법보다 우선으로 적용되는 민사특별법입니다. 또한 상가건물 임대차보호법은 편면적 강행규정으로, 규정에 위반하는 약정으로 인해 임차인이 불리해지는 경우에는 그 효력이 발생할 수 없으니 유의해야 합니다. 예를 들면, 계약 기간이 경과해서 임대료를 10% 인상하기로 합의한다고 해도, 이는 규정이 정해둔 최대 인상률 5%를 초과하는 한편, 임차인에게도 불리한 상황으로 볼 수 있기에 그 효력이 발생할 수 없음을 의미합니다.

적용 범위

상가건물 임대차보호법은 영업을 목적으로 한 상가건물의 임대차에 적용되며, 팝업스토어와 같은 일시 사용을 위한 임대차에는 적용되지 않습니다. 그리고 보증금에 따라서도 적용이 제한될 수 있는데, 이 제한이란 매우 비싼 보증금을 요하는 큰 규모의 임대차는 상가건물 임대차보호법으로 보호받지 못함을 의미합니다. 한편 여기에서의 보증금이란 월 차임까지를 고려된 환산보증금을 의미하며, 이는 보증금에 월 차임의 100배를 더한 금액으로 계산됩니다. 보증금의 제한 범위는 시기와 상황에 따라 개정되며, 2025년 1월 현재 기준의 상가건물 임대차보호법 적용 보증금 범위는 다음과 같습니다.

지역	환산보증금 범위
서울	9억 원 이하
과밀억제권역, 부산	6억 9,000만 원 이하
광역시(부산 제외), 세종, 파주, 화성, 안산, 용인, 김포, 광주	5억 4,000만 원 이하
그 밖의 지역	3억 7,000만 원 이하

대항력

대항력이란 건물이 매매되어 소유자가 변경되더라도, 임차인이 새로운 소유자에게 기존의 임대차계약을 주장할 수 있는 중요한 권리입니다. 대항력으로 인해 임차인은 계약한 임대차 기간 동안 해당 상가를 사용 및 수익하며 영업 활동을 지속할 수 있습니다. 대항력은 임차인이 상가 건물을 인도받고, 또한 해당 주소로 사업자등록을 완료하

는 두 가지의 대항요건을 모두 갖춘 때의 다음 날 0시에 발생합니다.

우선변제권

임차인이 대항요건을 갖추고 관할 세무서장으로부터 임대차계약서상의 확정일자를 받으면, 해당 상가 건물에 대한 경매 또는 공매가 발생하는 상황에서 후순위권리자나 그 밖의 채권자보다 우선해서 보증금을 변제받을 권리를 갖게 되는데, 이를 우선변제권이라고 부릅니다. 우선변제권은 대항요건과 확정일자를 모두 갖춘 시점에서 발생하고, 그 발생 시점은 건물을 대상으로 한 다른 권리 및 채권들과 우선순위를 겨루는 기준이 되므로, 임차인 입장에서는 가능한 한 빠르게 우선변제권을 취득하는 것이 중요합니다.

다만 경·공매 상황에서, 보증금 변제의 범위가 건물의 환가 대금 이내로 한정되어 있으므로 건물의 처분가격이 낮아진 경우에는 보증금을 전액 변제받을 수 없는 문제가 발생할 수 있고, 이것이 주택 시장에서 크게 문제가 되기도 하는 소위 깡통전세와 유사한 상황으로 볼 수 있습니다. 물론 상가 임대차의 보증금은 주택 전세와는 다르게 건물가액 대비 높지 않으므로, 해당 상황에 대한 위험은 상대적으로 적다고 볼 수 있습니다. 참고로, 경매는 채권자가 채무를 변제받기 위해 법원에 경매를 신청한 때에 법원이 채무자의 재산을 강제로 매각하는 절차를 의미합니다. 반면, 공매는 국가나 공공기관이 체납된 세금이나 공공요금을 회수하기 위해, 체납자의 재산을 압류해 강제로 매각하는 절차를 의미하게 됩니다.

최우선변제권

임대차보호법은 우선변제권을 보완하는 최우선변제권도 명시하고 있습니다. 이는 임차인의 우선변제권이 다른 담보물권과의 우선순위에 밀리는 상황에서도, 보증금 중의 일정액은 가장 먼저 변제해주겠다는 취지로, 경제적으로 취약한 소규모 상가 임차인들을 보호하기 위한 제도입니다. 다만 이 경우에도 경매 신청이 등기되기 이전에, 임차인이 대항요건을 미리 갖춰둔 상태이어야 최우선변제권을 얻을 수 있습니다.

최우선변제되는 금액은 지역 및 보증금의 크기에 따라 다음과 같이 달라지며, 이 역시 시기와 상황에 따라 변경되고 있습니다. 덧붙여 이때의 보증금은, 상가건물 임대차보호법 적용 기준에서의 보증금과 동일하게 보증금에 월 차임까지 고려된 환산보증금을 의미합니다.

지역	환산보증금	최우선변제금
서울	6,500만 원 이하	2,200만 원
과밀억제권역	5,500만 원 이하	1,900만 원
광역시(부산 포함), 세종, 파주, 화성, 안산, 용인, 김포, 광주	3,800만 원 이하	1,300만 원
그 밖의 지역	3,000만 원 이하	1,000만 원

권리금의 보호

임대차계약이 끝나는 시점에 임대인은, 임차인이 새로운 임차인으로부터 권리금을 받을 기회를 방해할 수 없습니다. 상가건물 임대차보호법은 임대인이 부당하게 새로운 임차인의 입주를 거절하거나, 임차인의 권리금 회수를 방해하는 경우 손해배상의 책임을 지도록 규정하고 있습니다. 이로 인해 임차인은 임대차 기간의 종료 전 6개월부터 종료 시까지 권리금 회수의 기회를 보호받게 됩니다.

존속 기간 및 계약 갱신 요구권

상가건물 임대차보호법은 임대차계약 기간을 최소 1년으로 규정하고 있습니다. 그래서 임대인은 임차인의 동의 없이 1년 미만의 계약을 체결할 수 없습니다. 그리고 임대차가 종료한 경우에도, 임차인이 보증금을 반환받을 때까지는 임대차 관계가 존속하는 것으로 여겨집니다.

한편 임대인은, 임차인이 임대차 기간이 만료되기 6개월 전부터 1개월 전까지 사이에 계약 갱신을 요구할 경우에는 정당한 사유 없이 거절할 수 없도록 되어 있으며, 이런 임차인의 계약 갱신 요구권은 최초의 임대차 기간을 포함해서 10년을 초과하지 않는 범위 내에서 행사할 수 있습니다. 그래서 상가 임대차계약을 체결한 때에 특별한 상황이 발생하지 않는다면 해당 임차는 최장 10년 동안 지속될 수 있습니다.

이때 갱신되는 임대차는 전 임대차와 동일한 조건으로 다시 계약되는 것을 전제로 하지만, 차임과 보증금은 증감할 수 있으며, 그 범위는 2025년 1월 현재 각 5%로 제한되어 있습니다. 그래서 임대차 기간이 만료되는 때에는 임대료뿐만 아니라 보증금의 증액도 가능하며, 실제 해당 기간 부동산의 가치가 크게 상승한 경우라면 보증금의 증액도 협의해볼 수 있을 것입니다. 그러나 시장에서는 향후 반환이 필요한 보증금보다는, 임대료만의 증액이 보다 선호되고 또한 일반적인 관행으로 자리를 잡고 있습니다.

임차인의 계약 갱신 요구를 거절할 수 있는 경우

앞서 살펴본 바와 같이 임차인은 계약 갱신 요구권에 따라 최장 10년 동안 임차를 유지할 수 있으나, 다음과 같은 특별한 사유가 발생하는 경우 임대인은 그 계약 갱신의 요구를 거절할 수 있습니다.

임대인이 계약 갱신의 요구를 거절할 수 있는 경우들
임차인이 3기의 차임액에 달하도록 차임을 연체한 경우
임차인이 거짓 또는 그 밖의 부정한 방법으로 임차한 경우
임대차계약에서 정한 용도와 다른 목적으로 상가를 사용한 경우
상호간 합의에 따라 임대인이 임차인에게 상당한 보상을 제공한 경우
임차인이 임대인의 동의 없이 건물의 전부나 일부를 타인에게 임대한 경우
임차인이 건물의 전부나 일부를 고의 또는 중대한 과실로 파손한 경우
임차한 건물의 전부나 일부가 멸실되어 임차의 목적이 달성될 수 없는 경우
임대인이 건물의 전부나 대부분을 철거해야 하는 상황이 있거나 재건축하려는 경우
그 외 임차인의 의무를 현저히 위반하거나 임대차 존속이 어려운 중대한 사유가 있는 경우

이와 같은 상황들이 발생하면 임대인은 계약 갱신 요구를 거절하며 임대차계약을 종료할 수 있지만, 이와 관련된 법적인 절차와 요건들을 충족하지 못한다면 임차인과의 분쟁으로 이어질 수 있습니다. 그래서 계약 갱신을 거절하고자 하는 때에는 그 사유가 명확하고 정당한지 세심히 확인해보는 것이 중요합니다.

계약 종료 후 보증금의 반환

계약 기간이 종료된 후 임차인이 상가를 반환하는 때에 임대인은 보증금을 즉시 반환해야 할 의무가 있습니다. 이때 임대인이 보증금을 제때 반환하지 않는다면 임차인은 보증금 반환 청구소송을 제기할 수 있으며, 이 경우 임차인은 지연된 기간에 대한 이자까지도 청구할 수 있습니다.

임대차계약의 종료

임대차계약 기간이 종료되는 때에 임차인이 계약 갱신을 요구하지 않거나, 임차인이 계약 갱신 요구권을 행사한 이후로 이미 10년이 지난 경우에 임대인은 계약을 정상적으로 종료할 수 있습니다. 물론 이 경우에도 임대인은 계약이 종료되는 시점을 임차인에게 사전 통지해야 합니다. 다만, 이 상황에서도 임차인이 새로운 임차인을 구해 권리금을 받을 수 있는 기회를 임대인이 방해하는 경우에는 계약의 정상적인 종료가 어려울 수 있으니 유의해야 합니다.

임대차 분쟁의 대응

임대차 기간 중 관련한 분쟁이 발생하는 경우, 당사자 간의 협의로 해결되지 않는다면 관할 법원에 소송을 제기할 수 있으며, 소송 전에 조정 절차를 통해서도 해결을 시도할 수도 있습니다.

이상으로 임대사업자로서 알아야 하는 상가건물 임대차보호법의 주요 내용을 살펴봤습니다. 살펴본 바와 같이 임대차보호법은 임차인의 권리를 보호하는 동시에, 임대인에게도 일정한 의무들을 부과하고 있습니다. 임차인이 상가 건물을 정상적으로 사용 수익할 수 있도록 해야 하는 의무도 그중 하나입니다. 임대인은 건물의 주요 시설이 정상적으로 작동하도록 유지보수해야 하며, 해당 의무에 소홀함이 있어 임차인에게 피해가 발생한 때에는 임차인이 손해배상을 청구할 수도 있습니다. 그래서 상가 투자자는 이 법의 취지와 내용을 숙지해서 임대차계약의 체결과 갱신, 임대료의 증감, 권리금 등 다양한 임대사업의 과정에서 법적 분쟁을 예방하고, 보다 안정적인 임대사업을 지속할 수 있도록 해야 합니다.

임대사업은 세무 처리를 필요로 합니다

임대료를 받으면 발급하는 세금계산서

부가가치세(VAT, Value Added Tax)는 상품과 서비스의 생산 및 거래 과정에서 새롭게 창출되는 가치인 부가가치에 부과되는 세금입니다. 이는 소비자가 부담하는 소비세의 일종으로, 공급자가 상품이나 서비스를 공급할 때마다 소비자에게 징수해 국가에 대신 납부하는 형태를 띠는 간접세이기도 합니다.

임대사업자는 부가가치세 과세 사업자로 사업을 영위하는 과정에서 타사업자에게 부가가치세를 납부하기도 하고, 반대로 거래 상대방에게 부가가치세를 징수하기도 합니다. 사업을 위해 비용이 발생하는 때에는 부가가치세를 납부하게 될 것이며, 반대로 사업을 통해 매출이 발생하는 때에는 부가가치세를 징수하게 됩니다. 전자의 경우 임대차계약을 위한 중개수수료 비용이 예가 될 수 있고, 후자의 경우는 임차인에게 받게 되는 월 임대료가 전형적인 예시가 될 것입니다.

국가는 이런 부가가치세가 정확하게 계산되어 납부되고, 또한 사업자들이 거래 내역을 명확히 기록해 세무 투명성이 확보될 수 있도록, 매출에 대해 세금계산서를 발급하도록 하고 있습니다. 이처럼 임대사업자가 발급해야 하는 세금계산서에 관한 내용은 부가가치세법에 의해 규정됩니다.

세금계산서 개요

임대사업자는 임대료를 받는 시점에 세금계산서를 발급해야 합니다. 보통의 임대차계약에서는 임대료 지불 주기를 월 단위로 계약하기에, 세금계산서도 월 단위로 발급하는 것이 일반적입니다. 또한, 보통의 경우 임차인이 임대료를 보낼 때 부가가치세도 함께 보내게 됩니다. 예를 들어, 임대료가 200만 원인 경우 부가가치세 10%에 해당하는 20만 원을 더해 총 220만 원을 보내는 형태입니다. 임대사업자는 이 220만 원에 대해 세금계산서를 발급해야 하는데, 이때 전자 세금계산서를 발급하는 것이 원칙으로 국세청 홈택스에서 발급하게 됩니다.

세금계산서 발급

세금계산서 발급은 홈택스에서 가장 빈번하게 이용되는 기능으로, 홈택스의 제공 기능 목록 가장 앞에서 그 기능의 링크를 찾을 수 있습니다. [계산서·영수증·카드] > [전자(세금)계산서 발급] > [전자(세금)계산서 건별 발급].

전자세금계산서 일반(사업자) 발급 화면

출처 : 홈택스

전자세금계산서 일반(사업자) 화면에 진입해 가장 먼저 선택해야 하는 부분은 세금계산서의 [종류]입니다. 일반, 영세율, 위수탁, 위수탁영세율 등의 옵션이 있는데, 기본 선택된 [일반]을 유지합니다. 다음으로는 [공급받는자 구분]을 선택해야 하는데, 사업자등록번호, 주민등록번호, 외국인 등의 옵션이 있으며, 이 중 [사업자등록번호]가 기본으로 선택되어 있을 것입니다. 상황에 맞게 선택하면 되지만 일반적으로 기본 선택을 유지하게 될 것입니다.

다음 [공급자] 영역에는 이미 로그인한 계정에 등록된 사업자의 정보가 기재되어 있는 것을 확인할 수 있으며, (사업자)등록번호, 상호, 성명, 사업장(주소), 업태, 종목, 이메일 등을 확인합니다. 이어 [공급받는자] 영역을 채워 넣어야 합니다. (사업자)등록번호를 입력하고 [확인] 버튼을 클릭해 해당 사업자의 등록정보를 자동으로 채워 넣을 수 있습니다. 그러나 매달 동일한 임차인에게 발급해야 한다는 점을 생각해보면, 해당 정보를 매번 입력하는 것은 귀찮을 수 있습니다. 그래서 홈택스는 세금계산서 발급 화면에서 [거래처 관리] 및 [거래처 조회] 기능을 제공하고 있습니다. [거래처 관리] 버튼을 클릭하면, 거래처 정보 관리 화면으로 이동합니다. 이곳은 사업자가 사업을 위해 거래를 지속하는 거래처들을 등록해둘 수 있는 기능을 제공합니다.

거래처 정보 관리 화면

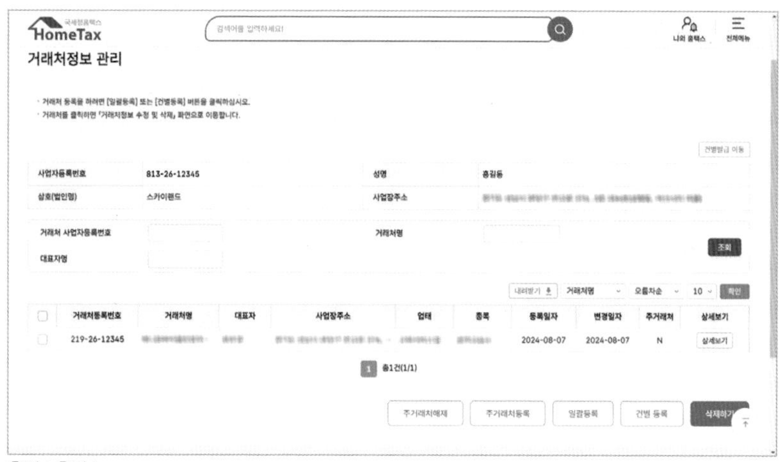

출처 : 홈택스

임대사업자에게는 임차인이 가장 큰 거래처일 것이기에, 화면 하단의 [건별 등록] 버튼을 클릭해 임차인의 사업자 정보를 등록해둡니다. 해당 버튼을 클릭해서 [거래처 정보 건별등록] 화면으로 이동하면 거래처 사업자등록번호를 통해 사업자를 조회 및 선택할 수 있고, 거래처에 대한 부가 정보들을 필요에 따라 선택적으로 입력한 후, 하단 [등록하기] 버튼을 클릭해 등록을 완료합니다.

거래처 정보 건별등록 화면

출처 : 홈택스

거래처를 등록한 후 다시 전자세금계산서 일반(사업자) 화면으로 복귀하면, [거래처 조회] 기능을 통해 앞서 등록해둔 거래처를 조회하고 선택해서, [공급받는자] 영역에 해당 거래처의 정보들이 설정되도록 할 수 있습니다. 이때에도 공급자와 동일하게 (사업자)등록번호, 상호, 성명, 사업장(주소), 업태, 종목, 이메일 등을 확인합니다. 이어 공급 연월일을 의미하는 [작성일자] 항목을 캘린더 버튼을 통해 설정합니다.

이제 품목 영역의 입력만 남았습니다. 거래처와 거래하는 품목이 많은 경우 [거래처품목 관리] 기능으로 등록해두고, [거래처품목 조회] 기능으로 사용할 수 있습니다. 임대사업자의 경우 품목까지 관리할 일이 많지는 않겠지만, 임대료를 품목으로 등록해둘 수는 있을 것입니다.

품목의 테이블 영역은 월, 일, 품목, 규격, 수량, 단가, 합계, 공급가액, 세액, 비고 등의 항목으로 구성되어 있습니다. 항목들이 많지만, 이들을 모두 입력할 필요가 있는 것은 아닙니다. 매출이 발생한 일자를 [월]과 [일]에 입력하고, [품목]을 입력합니다. '임대료'와 같이 단순하게 입력해도 무방하고, '25년 01월 임대료'와 같이 조금 더 상세하게 입력해도 괜찮습니다. 품목을 '임대료'로 통일하고 싶다면, 임대료 기준월의 표시는 [비고] 항목에 기재하는 방법도 있습니다. 규격, 수량, 단가는 빈 값으로 두고 [공급가액]과 [세액]을 입력합니다. 공급가액에 임대차계약 시 합의된 임대료를 기재하면, (부가가치)세액에는 해당 공급가액의 10%에 해당하는 금액이 자동으로 입력됩니다.

마지막으로, 하단에 위치한 '이 금액을 청구/영수함'이라는 옵션을 확인해야 합니다. 개인사업자의 임대에서는 임대료를 지급받은 후에 세금계산서를 발급하는 것이 일반적이므로, [청구]에 선택된 항목을 [영수]로 변경하고, 하단 [발급하기] 버튼을 클릭해 발급을 마무리합니다. 이렇게 발급된 세금계산서는 임차인의 이메일로 전

임대료 영수에 대한 세금계산서 발급 화면

출처 : 홈택스

송되며 또한 홈택스에서의 확인도 가능하게 됩니다.

세금계산서는 임대료를 받은 월의 다음 달 10일까지는 반드시 발급해야 합니다. 이 기간을 놓쳐 그 이후에 세금계산서를 발급하는 경우는 공급가액, 즉 임대료의 1%를 가산세로 부담해야 합니다. 임대사업자는 일반 사업자 대비 세금계산서의 발급 빈도가 높지는 않을 것입니다. 그래서 임대료를 받은 후 세금계산서의 발급을 미뤄두었다가 발급 기간을 놓치는 상황이 종종 발생하기도 하니, 가능하다면 임대료를 받은 당일의 세금계산서 발급을 습관화해두면 좋을 것입니다.

1년에 네 번 챙겨야 하는 부가가치세

상가 임대사업자는 부가가치세 과세사업자에 해당하기에 부가가치세의 신고 및 납부 의무가 있습니다. 그래서 임대사업자는 임대료를 받는 때에 임대료의 10%에 해당하는 부가가치세도 함께 징수해서 받아야 합니다. 이처럼 임차인으로부터 받은 부가가치세를 모아 연중 정해진 시기에 국가에 납부하는 절차가 바로 부가가치세의 신고와 납부입니다.

부가가치세 신고 및 납부

일반과세자의 부가가치세는 상반기와 하반기 6개월 각각을 과세기간으로 나누어 두 번 신고하고 납부합니다. 그리고 각 과세 기간에서 3개월이 경과된 때마다 부가가치세 예정신고와 납부의 기간이 있습니다. 이 기간에 법인사업자는 예정신고를 반드시 해야 하는 반면, 개인사업자는 예정신고의 의무가 없어 필요한 경우에만 진행할 수 있습니다. 대신 개인사업자가 일정 조건을 충족하는 경우에는 예정고지의 대상이 되어, 예정고지된 부가가치세를 예정신고 기간에 납부하게 됩니다.

그래서 일반적인 경우에 개인사업자는 부가가치세 신고를 1년에 2회 진행하고, 법인사업자는 1년에 4회 진행해야 합니다. 게다가 부가가치세의 신고 및 납부 기한을 놓치는 경우에는 가산세가 부과되기에 관련 일정들을 미리 염두에 둘 필요가 있습니다.

일반과세 개인사업자의 부가가치세 신고 및 납부

구분	과세 기간	신고 및 납부 기한
1기 예정고지	1월 1일 ~ 3월 31일	4월 1일 ~ 4월 25일
1기 확정신고	1월 1일 ~ 6월 30일	7월 1일 ~ 7월 25일
2기 예정고지	7월 1일 ~ 9월 30일	10월 1일 ~ 10월 25일
2기 확정신고	7월 1일 ~ 12월 31일	1월 1일 ~ 1월 25일

법인사업자의 부가가치세 신고 및 납부

구분	과세 기간	신고 및 납부 기한
1기 예정신고	1월 1일 ~ 3월 31일	4월 1일 ~ 4월 25일
1기 확정신고	1월 1일 ~ 6월 30일	7월 1일 ~ 7월 25일
2기 예정신고	7월 1일 ~ 9월 30일	10월 1일 ~ 10월 25일
2기 확정신고	7월 1일 ~ 12월 31일	1월 1일 ~ 1월 25일

개인사업자 중 간이과세자는 일반과세자와는 달리, 반기가 아닌 1년 전체를 과세 기간으로 부가가치세를 신고 및 납부하게 됩니다. 그리고 과세 기간 1년 중에서 6개월이 지난 때에는 부가가치세 예정고지 기간이 있습니다.

간이과세 개인사업자의 부가가치세 신고 및 납부

구분	과세 기간	신고 및 납부 기한
예정고지	1월 1일 ~ 6월 30일	7월 1일 ~ 7월 25일
확정신고	1월 1일 ~ 12월 31일	1월 1일 ~ 1월 25일

부가가치세 예정신고

부가가치세 예정신고는 6개월 과세 기간의 절반이 경과한 때에, 해당 기간에 대한 부가가치세를 미리 계산해서 신고하고 납부하는 제도를 말합니다. 예정신고는 1년에 두 번, 4월과 7월에 진행되나 앞서 언급된 것처럼 개인사업자는 예정신고의 의무를 가지고 있지 않기에, 예정신고를 해야 할 특별한 이유가 있지 않다면 관심을 두지 않아도 괜찮습니다. 사실 이 예정신고 제도는 개인사업자가 아닌, 직전 과세 기간의 전체 공급가액 합계액이 1억 5,000만 원 이상인 법인사업자를 주요 대상으로 하고 있습니다.

예정신고는 반기의 중간까지 발생한 세금을 미리 납부하도록 해서 확정신고 시 납부해야 하는 세액 부담을 줄이고 세금 체납을 방지하는 목적을 가지고 있으며, 세수의 확보라는 효과 또한 가지고 있습니다. 당연하게도 예정신고를 통해 미리 납부된 세액은 이후의 확정신고에서 기납부세액 항목으로 차감되어 정산됩니다.

개인사업자가 예정신고를 진행하는 예외적인 경우로는, 예정고지된 세금의 납부가 개인사업자 입장에서 부당한 상황을 예로 들 수 있습니다. 즉, 공실이 발생해서 납부할 부가가치세가 없거나 줄어든 상황에서, 지난 과세 기간을 기준해 실제보다 많은 부가가치세의 납부가 예정고지된 경우입니다. 이때에는 예정신고를 통해 실제의 상황에 맞는 부가가치세를 신고하고 납부할 수 있습니다.

게다가 해당 예정신고 당시 납부가 아닌 환급을 받아야 하는 상황도 있을 수 있습니다. 공실로 인해 징수한 부가가치세는 없지만, 해당 기간 관리비의 지불 또는 건물 수선 등으로 매입 부가가치세가 발생한 경우입니다. 그러나 아쉽게도 부가가치세의 환급은 예정신고가 아닌 확정신고에서만 가능합니다. 그래서 환급 상황에 해당하더라도 예정신고에서는 신고만이 가능하며, 환급은 이후의 확정신고를 통해 받아야 할 것입니다.

부가가치세 예정고지

예정고지는 예정신고와 동일한 납부 주기와 기간을 가지고 있습니다. 그러나 예정신고와는 다르게 부가가치세를 사업자가 직접 계산해서 신고하는 것이 아닌, 관할 세무서로부터 납부 고지서를 받아 부가가치세를 납부하는 제도입니다. 이는 사업자에게 번거로울 수 있는 예정신고 절차를 생략해서 편의를 제공하려는 취지로, 예정고지에 따라 부가가치세를 납부하면 별도의 신고가 필요하지 않습니다.

일반과세 개인사업자의 부가가치세 예정고지

구분	과세 기간	납부 기한
1기 예정고지	1월 1일 ~ 3월 31일	4월 1일 ~ 4월 25일
2기 예정고지	7월 1일 ~ 9월 30일	10월 1일 ~ 10월 25일

간이과세 개인사업자의 과세 기간과 예정고지

구분	과세 기간	납부 기한
예정고지	1월 1일 ~ 6월 30일	7월 1일 ~ 7월 25일

다만 예정고지 시기에 세무서는, 사업자가 해당 3개월 또는 6개월의 과세 기간 동안 얼마의 부가가치세를 징수 및 확보했는지를 알 수 없을 것이기에, 단순히 직전 확정신고 납부세액의 절반에 해당하는 세액을 납부하도록 고지하게 됩니다. 물론 이때 실제에 맞는 정확한 세액이 납부될 수는 없겠지만, 이후 확정신고 때에는 전체 과세 기간에 대한 납부세액이 정확하게 계산되고, 예정고지에서 미리 납부된 세액은 차감되니 문제가 될 부분은 없습니다.

한편 예정고지의 대상자는 예정신고 대상자를 제외한 개인 일반사업자와 직전 과세 기간 공급가액의 총합이 1억 5,000만 원 미만인 소규모 법인사업자입니다. 즉, 예정고지는 주로 개인사업자를 그 대상으로 하고 있으며, 그래서 상가 임대사업자도 그 대상에 포함됩니다. 게다가 예정고지서를 받는 때에는 납부 의무가 발생합니다. 그래서 상가 임대사업자인 경우에도 예정고지서를 받게 된다면, 특별한 사유가 없는 한 고지된 금액을 기한 내에 반드시 납부해야 합니다. 물론 예정고지에 따라 납부된 세액도 예정신고에서와 동일하게 다음 확정신고 시 기납부세액으로 차감되어 정산됩니다.

그런데 개인사업자에게 예정고지가 발부되지 않는 경우가 있습니다. 먼저, 직전 과세 기간 부가세 납부액이 100만 원 미만인 경우, 즉 예정고지될 세액이 50만 원에 미치지 못하는 경우는 예정고지서가 발부되지 않습니다. 그리고 신규 개업한 경우에도 세액 계산의 기준이 되는 직전 과세 기간이 없기에 예정고지서가 발부되지 않습니다. 그래서 이에 해당하는 개인 임대사업자는 확정신고만을 진행하게 됩니다. 또한 언급된 것처럼 예정고지의 대상이 되는 임대사업자라고 하더라도, 공실 등으로 과세 기간 내 사업실적이 발생하지 않았거나 악화된 경우에는 예정고지 대신 예정신고를 통해 납부세액을 조정할 수 있습니다.

부가가치세에서의 간주임대료

간주임대료란 임대 보증금에서 발생할 것으로 예상되는 이자수익을 임대료로 간주해서 과세하는 것을 말합니다. 그리고 부가가치세법 시행령은 간주임대료를 공급가액으로 보기에, 일반과세자로 등록된 상가 임대사업자는 간주임대료의 10%를 부가가치세로 신고하고 납부해야 합니다. 해당 시행령 제65조에서 정의하는 상가 임대사업자에 대한 간주임대료는 다음 표와 같이 해석할 수 있습니다.

상가 건물 임대에서의 부가가치세 간주임대료

연산	항목
	해당 기간의 임대 보증금
×	계약 기간 1년의 정기예금 이자율
×	과세 대상 기간의 일수 / 365(윤년에는 366)

이 중 정기예금 이자율은 기획재정부령으로 [부가가치세법 시행규칙 제47조(정기예금 이자율)]에 고시되며, 2025년 1월 기준의 이자율은 3.5%입니다. 그래서 현재 상가 임대 보증금이 3,000만 원인 경우의 간주임대료 부가가치세는 52,068원이 됩니다.

보증금이 3,000만 원인 경우의 간주임대료와 부가가치세

간주임대료 = 3,000만 원×3.5%×(181(1~6월)/365)

= 520,684원

부가가치세 = 520,684원×10% = 52,068원

부가가치세 납부세액

일반과세자의 납부세액은 과세 기간의 전체 매출세액에서 과세 기간의 전체 매입세액을 뺀 금액으로 결정됩니다.

일반과세자의 납부세액

납부세액 = 매출세액(매출액의 10%) - 매입세액

국세청은 납부세액의 계산 과정을 상세히 풀어 설명하는 세액 계산 흐름도를 [국세청(www.nts.go.kr)] > [국세신고안내] > [개인신고안내] > [부가가치세] > [세액 계산 흐름도] 경로에서 제공하고 있지만, 다행히 임대사업자의 매출과 매입은 단순한 편이기에 그처럼 복잡한 계산 과정이 필요하지는 않습니다.

국세청이 제공하는 부가가치세 세액 계산 흐름도

출처 : 국세청

이는 과세 기간 동안 전체 임대료(간주임대료를 포함)의 10%에 해당하는 금액이 바로 매출세액이 되고, 업종 특성상 일상적인 상황에서는 매입세액이 발생하지 않기 때문입니다. 물론 과세 기간 동안 상가 건물의 유지보수에 따른 비용, 중개수수료 및 세무사 등의 전문가 자문 비용, 홍보물 제작 비용, 화재 보험료 비용 등이 사용된 경우라면 이는 매입세액의 발생에 해당할 수 있습니다.

한편 간이과세자의 납부세액 계산은 일반과세자보다는 조금 더 복잡해서 과세 기간의 전체 매출액에 업종별 부가가치율을 곱한 금액의 10%에서 공제세액을 뺀 금액이 납부세액이 됩니다.

간이과세자의 납부세액
납부세액 = (매출액×업종별 부가가치율×10%) - 공제세액

2025년 1월 현재 부동산 임대업의 업종별 부가가치율은 40%이며, 공제세액은 매입액(공급대가)의 0.5%로 계산됩니다. 그래서 월 임대료가 60만 원이고 간주임대료가 30만 원, 여름에 누수 공사를 위해 200만 원의 비용이 발생한 경우를 예시로 계산해보면, 29만 원의 납부세액이 발생함을 확인할 수 있습니다.

납부세액
= (매출액×업종별 부가가치율×10%) - (비용×0.5%)
= ((60×12) + 30)×0.4×0.1) - (200×0.005)
= (30) - (1)
= 29만 원

홈택스에서의 부가가치세 신고와 납부

홈택스를 통한 온라인 전자신고에서는 전자신고 세액공제 1만 원이 추가로 공제되기에, 앞서 계산된 납부세액을 다시 28만 원으로 줄일 수 있습니다. 홈택스에서의 부가가치세 신고는 세무서를 방문하지 않고도 간편하고 빠르게 신고 및 납부가 가능하다는 장점에 더해, 이와 같은 세액공제 혜택도 제공하므로 잘 살펴두고 활용할 필요가 있습니다.

홈택스의 부가가치세 신고·납부 안내

출처 : 홈택스

홈택스에서의 부가가치세 신고는 개인이 아닌 사업자 유형의 계정으로 로그인해서 [세금신고] > [부가가치세 신고] > [부가가치세 과세신고(일반·간이·대리납부)]의 경로에서 진행합니다. 이 부가가치세 신고 메뉴는 앞서 살펴본 납부세액의 계산 과정을 단계별로 구성해두고 있습니다. 그래서 매출세액을 먼저 계산하고 다시 매입세액을 계산해서 차감하는 동일한 흐름을 가지고 있습니다.

부가가치세 정기확정신고 메뉴 화면

HomeTax

부가가치세 신고

신고서 미리보기 | 신고도움 서비스 | 신고내역 조회(접수증 · 납부서) | 신고 부속 · 증빙서류 제출 | 삭제내역 조회

작성할 신고가 무엇인지 모른다면

간단한 질문을 통해 나에게 맞는 신고를 찾아 보세요.

맞춤신고 찾기

정기확정신고 > 법정신고기한 내 확정 신고하는 경우

파일변환신고 > 회계프로그램

폐업확정신고 > 사업장을 폐업하여 폐업 확정 신고하는 경우 (폐업 신고기한 : 폐업일이 속한 달의 다음달 25일까지)

기한 후 신고 > 법정신고기한을 경과하여 신고하는 경우

수정신고 > 당초 세금을 적게 신고하여 과세표준과 세액을 증액 신고하고자 하는 경우

경정청구 > 당초 세금을 많이 신고하여 과세 표준과 세액을 감액 청구 하고자 하는 경우

부가가치세 대리납부 바로가기

대리납부 신고 >

출처 : 홈택스

부가가치세 매출세액 및 매입세액 입력 화면

출처 : 홈택스

매출세액에서 매입세액을 차감한 금액이 기본적인 납부세액이 되는데, 여기에 추가로 다양한 세액들을 차감해 최종 납부세액을 계산하게 됩니다. 그러나 보통의 상가 임대사업자의 경우 매입세액이 많지 않을뿐더러, 추가로 차감할 수 있는 세액도 많지는 않습니다. 그럼에도 [경감·공제세액]으로 묶이는 항목들을 살펴보자면, 그 각각의 의미는 다음과 같습니다.

부가가치세 경감·공제세액 입력 화면

출처 : 홈택스

- **신용카드 매출전표 발행공제** : 사업자가 신용카드나 현금영수증 등으로 결제를 받을 때 부가가치세 납부세액에서 일정 금액을 공제해주는 제도로, 상가 임대사업자와는 거리가 있습니다.
- **소규모 개인사업자 감면세액** : 코로나19로 인해 어려움을 겪는 소상공인을 지원하기 위해 한시적으로 도입된 제도로 부동산 임대업은 그 대상에서 제외됩니다.

다음은 [그 밖의 경감·공제세액]으로 묶인 항목들입니다.

그 밖의 경감·공제세액 입력 화면

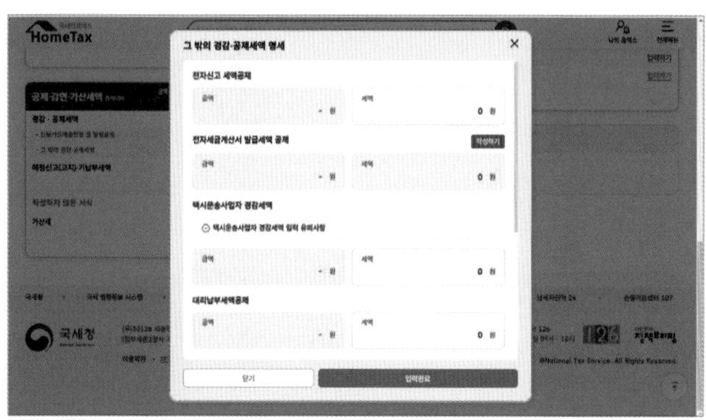

출처 : 홈택스

- **전자신고 세액공제** : 홈택스로 부가가치세를 신고하는 경우 1만 원의 세액이 공제되는 것으로 상가 임대사업자도 해당됩니다.
- **전자세금계산서 발급세액공제** : 전자세금계산서 발행을 장려하기 위해 납부세액의 일정 금액을 공제해주는 제도이기에 상가 임대사업자도 해당될 수 있습니다. 다만, 건당 200원을 공제해주기에 실질적인 영향은 크지 않습니다.
- **택시운송사업자 경감세액** : 이름만으로도 상가 임대사업자와는 거리가 있음을 알 수 있습니다.
- **대리납부 세액공제** : 국내 사업자가 국외 사업자로부터 용역을 제공받을 때 적용되는 공제로, 상가 임대사업자와는 관련이 없다고 봐야 할 것입니다.
- **현금영수증사업자 세액공제** : 현금영수증 발급을 장려하기 위해

도입된 제도로 주로 소비자를 대상으로 하는 개인사업자가 그 대상이 됩니다. 그래서 상가 임대사업자와는 거리가 있습니다.

그리고 [경감·공제세액]으로 묶이지는 않지만, 추가로 차감 가능한 세액들은 다음과 같습니다.

추가로 차감 가능한 세액

출처 : 홈택스

- **예정신고 미환급 세액** : 앞서 예정신고 내용에서 살펴본 환급 상황에 대한 항목입니다. 즉, 예정신고 시 환급세액이 발생했으나 실제로 환급받지 못한 금액을 의미합니다.
- **예정고지세액** : 예정고지를 통해 이미 납부된 세액을 의미합니다. 예정고지로 부가가치세를 납부한 경우 반드시 챙겨 차감해야 하는 항목입니다.
- **사업양수자가 대리납부한 세액** : 이 항목은 포괄양수도로 계약이 진행되는 상황임에도, 사업을 양수받는 사람이 양도자가 납부

해야 할 부가가치세를 직접 세무서에 [부가가치세 대리납부 신고서]의 작성과 함께 납부한 경우에 필요합니다. 그래서 현재의 항목은 현시점 임대사업을 진행 중인 양수자가 아닌, 양도자가 챙겨야하는 항목이며, 해당의 상황에서 양수자는 납부한 세액을 매입세액으로 처리해서 공제받아야 할 것입니다.

- **매입자 납부 특례에 따라 납부한 세액** : 탈세를 막기 위해 특정 업종에서 공급자 대신 매입자가 부가가치세를 납부하는 제도로, 부동산 임대업은 해당되지 않습니다.
- **신용카드업자가 대리납부한 납부세액** : 신용카드업자가 가맹점을 대신해 부가가치세를 미리 납부한 세액을 의미하는 것으로, 상가 임대사업자와는 거리가 있습니다.

결국 다양한 [경감·공제세액] 중에서 일반적인 상가 임대사업자에게 해당할 수 있는 항목은 [전자신고 세액공제]와 [전자세금계산서 발급세액공제], 그리고 [예정고지세액] 항목 정도로 볼 수 있습니다. 이처럼 매출세액에서 매입세액을 차감한 후 위의 항목들까지 추가로 차감해 최종 납부세액을 확인한 후, 화면 하단의 [신고서 입력완료] 버튼을 클릭해서 신고서를 제출합니다.

신고서를 제출한 후에는 산출된 부가가치세 납부세액을 신용카드 및 가상계좌 등의 다양한 방법으로 바로 납부할 수 있으며, 이렇게 납부까지 진행하고 나면 매년 반기마다 진행해야 하는 부가가치세의 확정신고 및 납부를 정상적으로 완료한 것이 됩니다.

1년에 한 번 신고하는 종합소득세

상가 임대사업자는 1년에 한 번, 5월에 전년도 소득에 대한 종합소득세를 신고 및 납부해야 합니다. 신고와 납부는 5월 1일부터 5월 31일까지의 31일 동안에 완료되어야 하며, 이 기간에 신고되지 않는다면 무신고가산세가 부과되고, 신고했더라도 기한 내에 납부되지 않으면 납부지연가산세가 부과됩니다.

종합소득세 과세 기간과 신고 및 납부 기간

과세 기간	신고 및 납부 기간
1월 1일 ~ 12월 31일	5월 1일 ~ 5월 31일

종합소득세 신고는 사업자가 지난 한 해 동안 벌어들인 수입이 얼마인지, 그리고 해당 수입 활동을 위해 지출한 비용은 얼마인지를 국가에 투명하게 알리는 과정입니다. 그렇기에 종합소득세 신고 절차가 없다면 국가(국세청)는 사업자의 수입 현황을 알 수 없

고, 더욱이 적자의 발생 여부도 알 수 없을 것입니다. 그래서 수입에 합당한 소득세를 납부할 수 있도록, 사업상 적자가 발생한 경우는 소득세의 납부 의무가 발생하지 않도록 종합소득세를 신고해야 할 필요가 있습니다.

한편 종합소득세는 개인별로 소득을 합산해서 과세하는 인별 과세의 특성을 가지고 있습니다. 그래서 종합소득세 신고 시 상가 임대소득 외 다른 경로에서의 소득이 있었다면, 그 모든 소득의 합산으로 신고되어야 함에 유의해야 합니다.

종합소득세 예정고지

종합소득세도 부가가치세와 유사하게 납세자의 부담 경감 등을 위한 예정고지 제도가 있습니다. 종합소득세 예정고지는 직전 연도의 종합소득세 납부세액이 있는 개인사업자를 대상으로 하며, 매년 11월 1일부터 11월 30일까지 당해 연도 종합소득세의 일부를 미리 납부하도록 합니다. 물론 국세청은 예정고지 당시에는 사업자의 종합소득세를 정확히 알 수 없으므로, 직전 연도 종합소득세 납부세액의 1/2을 중간예납세액으로 고지하게 됩니다.

사업자가 고지서를 받은 경우는 납부 의무가 발생하기에, 별도의 신고 절차 없이 고지서에 따라 납부를 완료해야 하고, 기한 내 납부되지 않으면 가산세가 부과될 수 있습니다. 다만 2025년 1월 현재

상가 임대사업자를 위한 세무 달력

분기	월	내역	기간
1분기	1월	2기 부가가치세 확정신고 납부	01/01~01/25
	2월		
	3월		
2분기	4월	1기 부가가치세 예정신고 납부	04/01~04/25
		1기 부가가치세 예정고지 납부	04/01~04/25
	5월	종합소득세 신고 납부	05/01~05/31
	6월		
3분기	7월	1기 부가가치세 확정신고 납부	07/01~07/25
		재산세 건물분 납부	07/16~07/31
	8월		
	9월	재산세 토지분 납부	09/16~09/30
4분기	10월	2기 부가가치세 예정신고 납부	10/01~10/25
		2기 부가가치세 예정고지 납부	10/01~10/25
	11월	종합소득세 예정고지 납부	11/01~11/30
	12월	종합부동산세 납부	12/01~12/15

중간예납 세액이 50만 원 미만인 경우에는 고지되지 않으며, 고지받은 중간예납 세액보다 실제 납부해야 할 세액이 적은 경우에는 자진 신고 및 그에 따른 납부를 진행할 수 있습니다.

종합소득세 세율

국가는 국세청 홈페이지를 통해 종합소득세의 세율을 고지하고 있으며, 2025년 1월 현재 6~45%의 세율을 과세표준 구간에 따라 차등 적용하도록 되어 있습니다.

종합소득세 과세표준 구간별 세율

과세표준 구간	세율	누진공제액
1,400만 원 이하	6%	-
1,400만 원 초과 5,000만 원 이하	15%	126만 원
5,000만 원 초과 8,800만 원 이하	24%	576만 원
8,800만 원 초과 1억 5,000만 원 이하	35%	1,544만 원
1억 5,000만 원 초과 3억 원 이하	38%	1,994만 원
3억 원 초과 5억 원 이하	40%	2,594만 원
5억 원 초과 10억 원 이하	42%	3,594만 원
10억 원 초과	45%	6,594만 원

이런 누진세율의 구조에 따라 1억 원의 과세표준에서는 1,956만 원의 산출세액이 계산됩니다.

1억 원의 과세표준에 대한 산출세액 계산

1,400만 원 이하 = 1,400만 원 × 6% = 84만 원

1,400만 원 초과 5,000만 원 이하 = 3,600만 원 × 15% = 540만 원

5,000만 원 초과 8,800만 원 이하 = 3,800만 원 × 24% = 912만 원

8,800만 원 초과 1억 5,000만 원 이하

= 1,200만 원 × 35%

= 420만 원(1억 원 중 8,800만 원 초과분)

산출세액 = 84만 원 + 540만 원 + 912만 원 + 430만 원

= 1,956만 원

물론, 누진공제액을 이용하면 더욱 쉽게 계산할 수 있습니다. 1억 원은 [8,800만 원 초과 1억 5,000만 원 이하] 구간에 포함되며, 해당 과세표준 구간의 세율은 35%이고 누진공제율은 1,544만 원이므로 다음과 같이 계산합니다.

산출세액 = 1억 원×35% - 누진공제액

= 3,500만 원 - 1,544만 원

= 1,956만 원

종합소득세 계산

종합소득세의 계산 과정은 [종합소득금액 산출] > [소득공제 적용] > [세율 적용 및 산출세액 계산] > [세액공제 및 감면 적용] > [가산세 적용] > [기납부세액 공제] > [납부(환급)세액 확정]의 순서를 거치게 됩니다.

종합소득세 세액 계산 흐름표

수식	단계	상세
	종합소득금액	임대소득, 이자소득, 근로소득 등
-	소득공제	기본공제, 추가공제, 특별소득공제 등
=	과세표준	
x	세율	6~45%
=	산출세액	
-	세액공제·감면	특별세액공제, 전자신고 세액공제 등
+	가산세	무신고가산세, 납부지연가산세 등
-	기납부세액	원천징수세액, 중간예납세액 등
=	납부(환급)세액	

종합소득금액은 임대소득을 비롯한 이자소득, 배당소득, 사업소득, 근로소득, 연금소득 등의 모든 소득을 합산해서 산출합니다. 이어 산출된 종합소득금액에 기본공제와 추가공제 등의 소득공제를 적용하고 특별소득공제들을 추가로 적용합니다. 이렇게 종합소득금액에서 소득공제가 적용되면 과세표준이 산출되며, 이렇게 산출된 과세표준에 앞서 확인한 세율을 구간별로 적용해 산출세액을 계산합니다.

이 산출세액에 각종 세액공제와 감면을 적용하고, 가산세를 더한 후 원천징수세액 또는 중간예납세액 등의 기납부세액을 공제하면 최종적으로 납부해야 하는 세액이 확정됩니다. 한편 지방세법에 따라 종합소득세를 신고하고 납부할 때에는 종합소득세액의 10%에 해당하는 지방소득세도 함께 신고하고 납부해야 하니 참고가 필요합니다.

종합소득세 신고 유형

종합소득세의 신고 유형은 크게 [추계신고 방식]과 [장부신고 방식]의 두 가지로 나눌 수 있습니다. 추계신고 방식이란, 장부를 작성하지 않고 국세청이 정한 경비율을 적용해 소득을 추산하는 방식으로, 주로 소규모 사업자들이 사용하는 방식입니다. 경비율에는 [단순경비율]과 [기준경비율]이 있으며, 단순경비율은 매출액에 단순경비율을 곱해서 필요경비를 일괄 산출하는 방식입니다. 한편 기준경비율은 매입 비용, 인건비, 임차료 등의 주요 경비는 증빙으로 인정하고, 그 외 나머지 경비는 매출액에 정해진 비율을 곱해서 계산하는 방식입니다. 이와 같은 두 가지의 추계 신고 방식은 실제 발생한 경비보다 낮은 경비율이 책정될 수도 있기에 경비가 적은 사업자에게 유리합니다.

반면, 장부신고 방식이란 [간편장부] 또는 [복식부기]와 같이, 실제 발생한 수입과 지출이 기록된 장부를 기반으로 소득을 계산해서 신고하는 방식입니다. 이 중 간편장부는 간단한 형식으로 수입과 지출을 기록할 수 있어 소규모 사업자에게 적합합니다. 반면 복식부기는 더욱 정교한 방법으로 모든 거래를 기록하는 방식으로, 일정 기준 이상의 사업자들에게 의무화되어 있습니다. 이들 장부신고 방식은 실제 발생한 경비를 기준으로 공제를 받을 수 있다는 장점이 있어 경비가 많이 발생하는 사업자들에게 유리한 편입니다.

상가 임대사업자에게는 간편장부를 추천

그런데 상가 임대사업자는 수입과 지출의 항목이 단순하고 일정하며, 그 빈도가 높지 않다는 특성이 있습니다. 수입에 해당하는 임대료가 정기적으로 발생하며, 지출에 해당하는 상가담보대출 이자 또한 정기적으로 발생합니다. 그래서 상가 임대사업자에게는 장부신고 방식, 그중에서도 간편장부를 통한 신고 방식을 권합니다. 실제 발생한 경비 모두를 필요경비로 인정받을 수 있어 정확한 소득 계산에 따른 납세 최적화가 가능하며, 공실로 인해 적자가 발생한 경우 결손금을 등록해둘 수도 있기 때문입니다.

한편, 간편장부 대상자가 복식부기 장부로 종합소득세를 신고하는 경우에는 [기장세액공제]가 가능합니다. 기장세액공제는 개인사업자가 더욱 투명하고 성실하게 장부를 작성해서 소득세를 신고하는 것에 대한 혜택을 지원하는 제도로, 산출세액의 20%를 최대 100만 원 한도로 공제받을 수 있습니다. 하지만 복식부기는 모든 거래를 차변과 대변으로 나누어 정확히 기록해야 하며, 단순한 수입과 지출의 기록을 넘어 자산과 부채의 증감 및 변화 과정을 체계적으로 관리하는 데 목적을 두기에, 작성이 매우 까다로워 초보 투자자에게는 추천하지 않습니다.

이후 종합소득세 신고를 [간편장부 대상자]로 진행하기 위해서는 간편장부를 반드시 작성해야 합니다. 간편장부는 엑셀과 한글 파일 등 다양한 서식으로 작성이 가능하지만, 국세청은 사업자가 쉽고 간편하게 간편장부를 작성할 수 있도록 [간편장부 작성 프로그램]을 상세한 설명서와 함께 제공하고 있습니다. 해당 프로그램을 PC에 설치해두고 수입과 비용이 발생하는 때마다 간편장부에 기장해두면 종합소득세 신고 시 전체 이력을 일괄 작성해야 하는 부담을 줄일 수 있습니다. 해당 프로그램은 메인 화면의 [신고서식] 메뉴를 통해 [소득금액 계산서]를 제공해서 종합소득세 신고 과정에서 유용하게 활용하도록 하고 있습니다.

국세청이 제공하는 간편장부 작성 프로그램

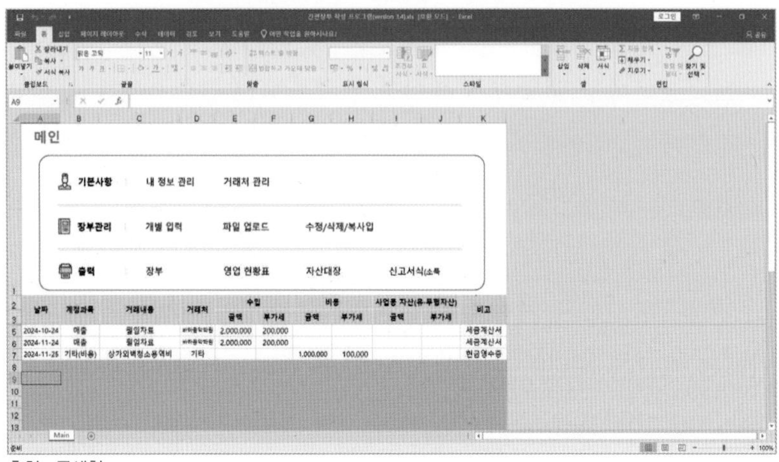

출처 : 국세청

간편장부 대상자는 간편장부를 반드시 작성해야 하나, 해당 장부와 거래에 대한 증빙자료를 종합소득세 신고 시 제출하지는 않습니다. 대신 국세청은 간편장부 기장자가 지켜야 할 사항으로, 장부 및 증빙서류를 소득세 확정신고기한이 지난 날부터 5년간 보존하도록 하고 있습니다. 물론 국세청은 법정 제출 증빙서류들로 세금계산서, 계산서, 신용카드매출전표, 현금영수증 등을 표시하고 있으나 이들은 이미 전산화되어 있기에 별도 첨부하지 않아도 종합소득세 신고 과정에서 제출된다고 보아야 할 것입니다. 반면 전산화되지 않는 간이영수증과 같은 증빙자료의 경우는 5년의 보존 기간을 지키기 위해, 비용이 발생한 당시 고화질 사진으로 촬영해서 메일의 첨부파일 또는 온라인 드라이브 서비스 등의 외부 공간에도 안전하게 보관해두는 것이 좋습니다.

필요경비 인정 항목

필요경비는 사업과 관련해서 실제 발생한 비용을 의미하며, 필요경비로 인정되는 주요 항목들은 다음과 같습니다.

필요경비 인정 항목

- **이자 비용** : 상가 취득 및 증축과 관련된 대출 이자
- **제세공과금** : 취득세, 재산세 등 상가 보유에 대한 세금, 공과금
- **화재보험료** : 적립성이 아닌 순수 보장성 보험료에 한정
- **수수료** : 매매 중개수수료, 임대차 중개수수료, 법무사수수료
- **수선비** : 파손된 부분의 대체나 소모된 부분 관련된 수선 비용
- **인건비** : 관리원, 경비원, 청소부 등의 고용에 따른 인건비
- **기타 비용** : 공실에서의 관리비, 광고비 등 사업에서 발생한 비용

이 중에서 상가를 매수하며 발생한 매매 중개수수료, 법무사수수료, 취득세 등은 향후 상가 건물을 매도하는 때의 양도소득세 신고 시에도 필요경비로 처리가 가능합니다. 그러나 하나의 경비를 종합소득세와 양도소득세 모두에서 중복해서 처리할 수는 없기에, 해당의 경비들을 어느 소득세의 신고에서 경비로 처리할지를 결정하고, 향후의 신고를 위해 기억해둘 필요가 있습니다. 다만 임차 중개수수료는 상가 건물의 양도와는 관련이 없어 종합소득세의 신고 시 경비로 처리되어야 할 것입니다.

한편 상가 건물의 감가상각비를 비용으로 처리하고자 하는 경우가 있습니다. 감가상각비란 건물이나 자동차와 같이 장기간 사용되는 유형자산의 가치가 시간이 지남에 따라 감소하는 것을 비용으로 인식하는 회계 개념입니다. 그러나 건물을 감가상가비로 처리하기 위해서는 [고정자산 감가상각비 명세서]를 별도로 작성하고 관리해야 하며, 또한 향후 상가 건물을 매도하는 경우 그동안 처리된 감가상각비만큼 양도차익이 증가하는 부분도 있으므로 감가상각비의 비용 처리는 그 필요성을 진지하게 생각해볼 필요가 있습니다.

이월 결손금

결손금이란 영업 손실을 의미하는 세법 용어입니다. 쉽게 표현하면, 적자가 발생한 때의 마이너스 금액을 결손금이라 이해할 수 있습니다. 중요한 것은 종합소득세 신고 시 장부를 통해 작년의 결손금을 증명해 등록해두면, 향후 15년 이내에 흑자 전환되어 종합소득세를 납부하게 될 때 해당 결손금을 공제할 수 있다는 점입니다. 물론 납부해야 하는 세액에서 바로 결손금이 공제되는 것은 아니며, 세액 계산 과정의 종합소득금액 항목에서 지난 결손금을 공제하게 됩니다. 그리고 이를 [이월 결손금 공제]라고 부릅니다.

그래서 종합소득세 신고 시, 지난해의 수익보다 비용이 컸다면 결손금을 등록해둘 필요가 있습니다. 상가의 보수에도 큰 비용이 발생할 수 있지만, 아마도 상가 임대사업자에게 결손금이 발생하는 가장 흔한 원인은 공실일 것입니다. 공실 상태에서는 임대료 수입이 발생하지 않는 반면에, 관리비 비용과 담보대출 이자 비용은 지속해서 발생하기 때문입니다. 또한 공실 기간이 1년을 넘어 2년, 3년 지속되어 해마다 적자가 발생하는 경우에도, 매해 종합소득세 신고 시 매해의 결손금을 등록해둘 수 있습니다.

한편, 국세청 홈택스는 종합소득세의 간편 신고 서비스인 [모둠채움 신고]를 지원하고 있으며, 상가 임대사업자도 그 대상이 되는 경우가 있습니다. 이는 국세청이 보유한 소득정보 및 납세자료 등을 기초로 종합소득세 신고서를 자동으로 채워두고 바로 신고를 진행하도록 해서 복잡한 종합소득세 신고 과정의 간소화를 통해 납세자의 부담을 줄여주기 위한 서비스입니다. 물론 모둠채움 신고에서도 입력된 정보를 확인할 수 있고, 필요한 경우 수정도 할 수 있지만, 자칫 편리해진 신고 과정으로 신고를 즉시 완료해 결손금 등록을 누락하는 경우가 있으므로 주의가 필요합니다.

간주임대료

원칙적으로 종합소득세 신고 시 월 임대료에 더해 간주임대료도 수입 항목으로 기재되어야 합니다. 그런데 종합소득세에서의 간주임대료 산정 방식은 부가가치세에서의 그것과는 다르며, 소득세법 시행령 제53조가 정의하는 상가 임대사업자의 간주임대료는 다음과 같이 해석할 수 있습니다.

상가 건물 임대에서의 종합소득세 간주임대료

연산	항목
	보증금 - 임대용 부동산의 건설비 상당액
×	(과세 기간 일수) / 365(윤년에는 366)
×	정기예금 이자율
-	해당 임대에서 발생한 수입이자 + 할인료 + 배당금

한편 부동산의 가치 평가나 매매계약 시, 토지와 건물을 각각 따로 나누어 평가하거나 거래할 때 사용하는 용어로 [토지분]과 [건물분]이 있습니다. 위 표에서 말하는 [임대용 부동산의 건설비 상당액]은 이 중 건물분 금액에 해당합니다.

그런데 실질적으로, 구분상가를 분양받는 경우가 아닌 매매로 취득한 경우라면 토지분과 건물분 각각의 금액을 파악하기는 쉽지 않을 것입니다. 물론 7월에 납부하는 건물분 재산세 고지서에서의 과세표준을 갈음할 수도 있겠습니다. 그럼에도 쉽게 생각할 수 있는 부분이라면, 대부분의 상가 임대차에서 보증금보다는 건물분 금액이 크다는 점입니다. 결국 위 표에서 (보증금-임대용 부동산의 건설비 상당액)은 대부분 음수일 것이고, 이는 수입에 산입할 간주임대료도 실질적으로는 거의 발생하지 않음을 의미합니다.

홈택스에서의 종합소득세 신고와 납부

종합소득세의 신고는 홈택스에서 직접하는 전자 신고 또는 세무사를 통한 대행 신고로 진행할 수 있습니다. 후자의 경우는 세무사로부터 도움받을 것이므로 여기에서는 홈택스를 통한 전자 신고를 살펴보겠습니다.

종합소득세는 인별 과세이므로 홈택스에서 사업자 계정이 아닌 개인 계정으로의 로그인이 필요합니다. 이후 간편장부를 이용한 종합소득세 신고를 위해 다음의 경로로 이동합니다. [홈택스] > [세금신고] > [종합소득세 신고] > [종합소득세 신고(모두채움·일반·근로…)] > [일반신고] > [정기신고].

종합소득세 정기신고 메뉴 버튼

출처 : 홈택스

이후 [기본정보] 메뉴로 이동해 [주민등록번호] 항목에 입력된 주민등록번호를 확인한 후 [확인] 버튼을 클릭합니다. 이어 [작성완료] 버튼을 통해 종합소득금액 입력 화면으로 이동한 후 [나의 소득종류 찾기] 팝업에서 [부동산 임대업의 사업소득] 항목의 체크를 확인하고, 하단의 [적용하기] 버튼으로 팝업을 빠져나옵니다.

종합소득세 기본정보 화면

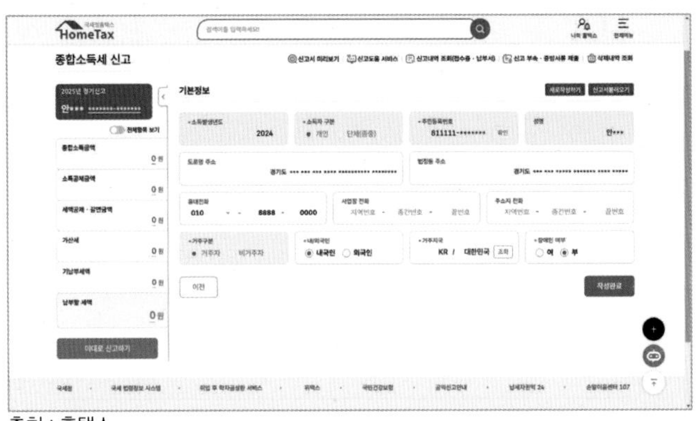

출처 : 홈택스

[소득종류] 영역에서 [사업소득] 항목을 클릭하면 [사업장 명세] 화면으로 전환되며, 이때 사업장이 보이지 않는다면 [사업장 명세 추가] 버튼을 이용해서 추가할 수 있습니다. 또한 [기장의무 및 신고유형] 영역에서 [기장의무] 항목이 '간편장부대상자'로 설정되어 있는지, 그리고 [신고유형] 항목이 '간편장부'로 설정되어 있는지를 확인합니다.

만약 그렇지 않다면, [사업장 명세] 영역에서 해당 사업장 항목의 [수정] 버튼을 클릭합니다. 이어 열리는 [사업장 명세 입력/수정] 팝업 내에서 기장의무와 신고유형 항목을 찾아 각각 '간편장부대상자'와 '간편장부'로 설정하고, 하단의 [저장하기] 버튼을 클릭합니다.

종합소득세 사업소득 중 사업장 명세 기본사항 화면

출처 : 홈택스

그에 따라 [기본사항] 영역의 두 항목 값이 변경된 것을 확인한 후 그 이외의 모든 항목에도 이상이 없음을 확인했다면, [작성완료] 버튼을 클릭해서 기본정보 입력을 완료합니다.

다음 [간편장부 명세] 단계 하위에 구성된 [총수입금액 및 필요경비계산 명세서] 화면으로 이동하면, [간편장부 사업장정보] 영역에 표시된 임대 사업장의 수입과 경비에 해당하는 개별 항목들의 값을 입력하게 됩니다.

총수입금액 및 필요경비계산 명세서 화면

출처 : 홈택스

그리고 해당 값들의 입력에 미리 작성해둔 간편장부가 활용됩니다. 간편장부 프로그램 메인 화면의 [신고서식] 메뉴를 통해 확인할 수 있는 [총수입금액 및 필요경비명세서]를 참고해 [매출액]을 비롯한 개별 항목들의 값을 정확히 입력합니다.

총수입금액 및 필요경비명세서

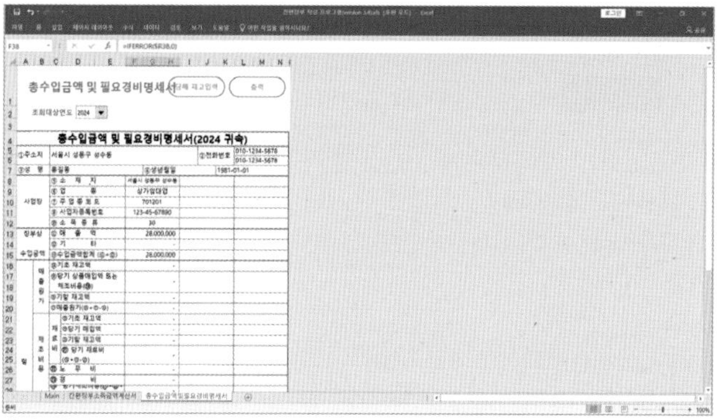

출처 : 홈택스

상가 임대사업자의 경우 매출원가와 제조 비용 영역은 입력할 것이 없고, 일반관리비 영역에는 [제세공과금] 항목에 재산세 등을, [지급이자] 항목에 상가 건물 담보대출 이자를, [지급수수료] 항목에는 매매 또는 임대차 중개수수료 등을 기재할 수 있습니다. 그 외 사용된 경비가 있으나 마땅한 항목을 찾기 어렵다면, [기타] 항목을 이용할 수 있습니다. 모든 정보가 입력되었다면 하단 [등록하기] 버튼을 클릭해 상단 [사업장 정보] 영역의 수익금액 합계와 필요경비 항목을 업데이트합니다. 이후 [작성완료] 버튼을 클릭해 [간편장부 소득금액 계산서] 화면으로 이동합니다.

[간편장부 소득금액 계산서]에서는 직전에 입력된 정보를 기초로 표시되는 총수입금액 및 필요경비와 그에 따라 계산된 소득금액을 확인하고, 기타 항목들에 대해서도 정상적으로 입력되고 계

간편장부 소득금액 계산서 화면

출처 : 홈택스

산되었는지 확인합니다.

문제가 없다면 하단의 [등록하기] 버튼과 [작성완료] 버튼을 클릭해 [부동산 임대소득 명세] 화면으로 이동합니다. 해당 화면에서는 상가 임대소득 이외의 주택에 대한 임대소득도 입력할 수 있습니다. 필요시 내용을 작성하고, 하단 [작성완료] 버튼을 클릭해서 [원천징수 명세] 화면으로 이동합니다.

임대업 외에 원천징수하는 사업소득이 있다면 [사업소득 원천징수세액 불러오기] 버튼으로 해당 내역을 가져올 수 있습니다. 그렇지 않다면 [부동산 임대소득 명세] 영역을 확인하는 것으로 충분합니다.

부동산 임대소득 명세 화면

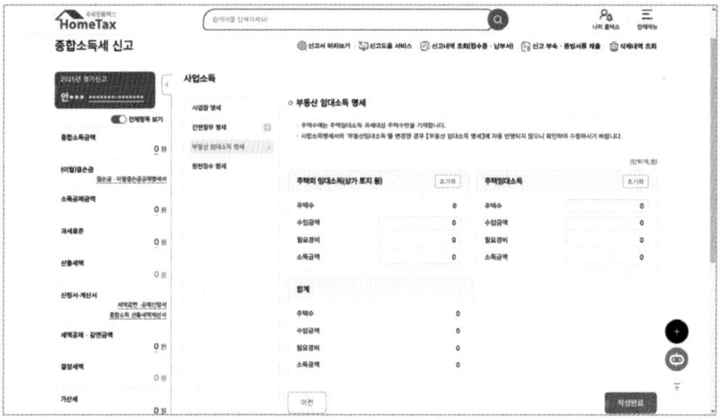

출처 : 홈택스

표시되는 항목들의 이상 여부를 확인한 후, [작성완료] 버튼을 클릭하면 [종합소득금액] 메뉴의 첫 화면으로 복귀하는데, 이어서 바로 아래에 위치한 [(이월)결손금] 메뉴를 클릭해 이동합니다.

(이월)결손금 및 세액감면·공제신청서 및 산출세액계산서 화면

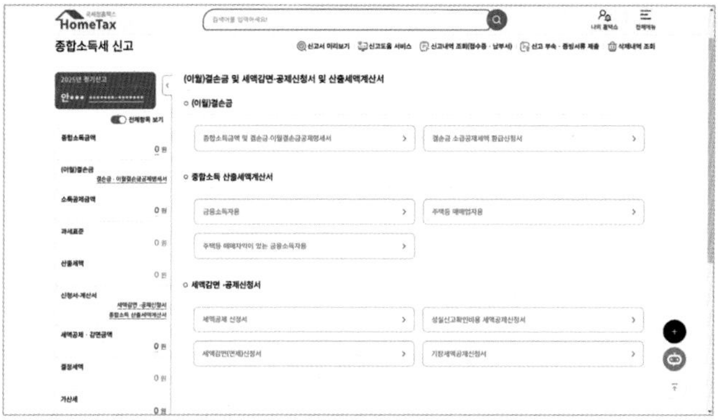

출처 : 홈택스

이곳에서는 당해의 결손금 또는 과거 연도에 발생한 결손금 중 아직 공제되지 않은 금액을 의미하는 이월결손금을 공제할 수 있으며, 이들은 해당 과세연도의 소득금액에서 차감됩니다.

한편, 공실 등으로 소득금액 이상의 비용에 따라 적자가 발생한 경우는 이월결손금을 등록할 수 있습니다. [종합소득금액 및 결손금·이월결손금공제명세서] 화면 하단 [이월결손금명세서] 영역에서 관련 내용을 작성한 후 [입력하기] 버튼으로 등록하며, 이렇게 등록된 결손금은 향후 15년 이내의 소득금액에서 공제할 수 있습니다.

이월결손금명세서 등록 화면

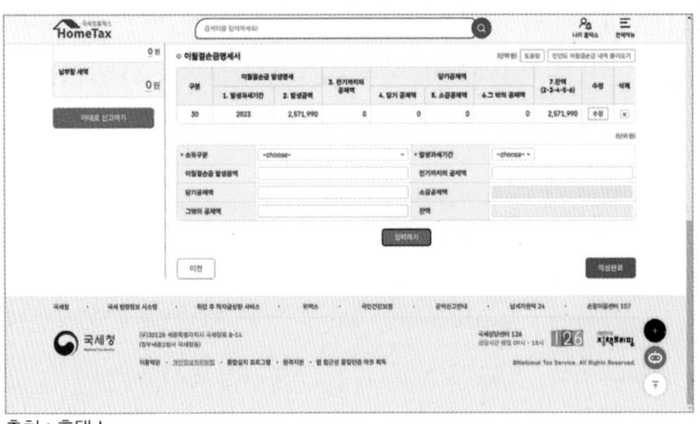

출처 : 홈택스

결손금에 대한 처리가 완료되었다면 화면 하단 [작성완료] 버튼을 통해 [소득공제금액] 화면으로 이동합니다. 해당 화면에서는 인적공제와 보험료 등의 특별공제, 그리고 신용카드 사용금액 등의 기타공제를 소득금액에 적용합니다.

소득공제금액 화면

출처 : 홈택스

[작성완료] 버튼을 통해 [보험료·주택마련 공제] 및 [출자·저축·공제부금 등]과 [신용카드 등 이외 공제] 단계를 거치며, 해당하는 부분이 있다면 그 내용을 세심하게 기입하고, 좌측 메뉴 목록의 하단에 위치한 [가산세]를 거쳐 [기납부세액] 화면까지 이동합니다.

기납부세액 화면

출처 : 홈택스

[기납부세액] 화면에서는 [중간예납세액]을 확인합니다. 지난해 11월의 예정고지 시 납부한 중간예납세액이 잘 표시되는지 확인을 마치면, 종합소득세 신고의 마지막 과정인 [납부할 세액] 단계로 이동합니다.

[납부할 세액] 화면에서는 모든 등록정보에 기초해서 산출된, 신고기간 내 납부 또는 환급할 세액을 바로 확인할 수 있습니다. 그리고 화면 하단에 위치한 [세액의 계산(펼치기)] 버튼을 클릭하면, 세액 계산을 위해 현재까지 진행한 모든 단계의 정리된 내용도 살펴볼 수 있습니다. 모든 항목에서 이상이 없음을 확인하고, 필요시 [나의 환급계좌(본인명의계좌만 가능)]를 등록한 후, 하단의 [작성완료] 버튼을 클릭해서 [신고서 제출] 화면으로 이동합니다.

종합소득세 신고서 접수증

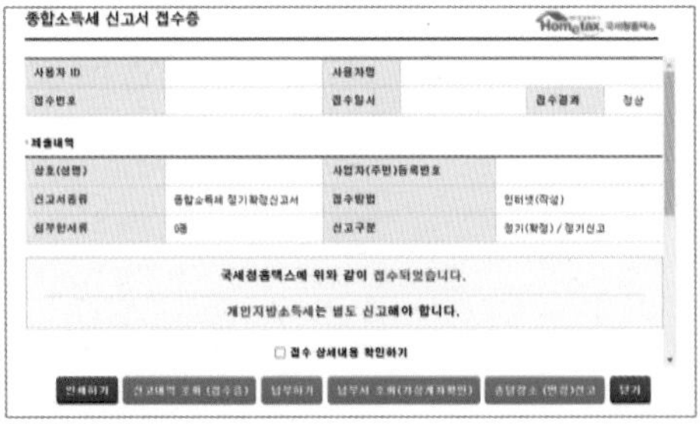

종합소득세 신고서 접수증

사용자 ID		사용자명			
접수번호		접수일시		접수결과	정상

· 제출내역

상호(성명)		사업자(주민)등록번호	
신고서종류	종합소득세 정기확정신고서	접수방법	인터넷(작성)
첨부한서류	0종	신고구분	정기(확정) / 정기신고

국세청홈택스에 위와 같이 접수되었습니다.

개인지방소득세는 별도 신고해야 합니다.

☐ 접수 상세내용 확인하기

인쇄하기 | 신고내역 조회 (접수증) | 납부하기 | 납부서 조회(가상계좌확인) | 종합소득 (연관)신고 | 닫기

출처 : 홈택스

[신고서 제출] 화면에서까지 모든 부분의 확인이 완료되었다면, 하단의 [신고서 제출하기] 버튼을 클릭해 종합소득세 신고를 완료합니다. 신고의 완료와 함께 제공되는 [종합소득세 신고서 접수증] 내에서 접수 결과 항목의 [정상] 표시를 확인한 후, 종합소득세의 납부를 기한 내에 진행하고 또한 지방소득세의 납부까지 진행합니다.

현재의 임대차는 언젠가 만료됩니다

임대차 만료 시 체크해야 하는 것들

임대차계약 기간의 만료가 다가오면, 다양한 사항들을 사전에 체크하고 준비해야 합니다. 철저한 준비 과정을 통해 계약의 종료 또는 갱신을 원활히 진행할 수 있으며, 분쟁 상황도 예방할 수 있기 때문입니다. 임대차계약의 만료가 도래했을 때 준비해야 할 사항들을 살펴보겠습니다.

임차인의 계약 갱신 여부 확인

상가건물 임대차보호법에 따라, 임차인은 임대차계약이 만료되기 6개월 전부터 1개월 전까지 이전 계약과 동일한 내용으로의 계약 갱신을 요구할 수 있습니다. 물론 이는 최초임대차 기간을 포함한 10년 이내의 기간에 해당한다는 조건에서 가능한 요구입니다.

그래서 임대차계약 기간의 만료가 도래하면 늦지 않게 임차인에게 계약 갱신의 의사를 확인할 필요가 있으며, 임차인이 갱신을 원

하는 경우에는 이를 수용해야 합니다. 한편 법률에 따라 임차인의 계약 갱신 요구를 거절할 수 있는 경우에 해당하면서 임대인도 계약의 갱신을 원하지 않는 경우라면, 임차인이 수긍할 수 있는 갱신 거절의 사유를 제시하며 갱신을 거절할 수 있을 것입니다.

임대차계약의 조건 조정 협의

계약이 갱신되는 상황이라면 임대료 및 보증금의 인상 또는 기타 계약 조건에서의 변경을 검토하고, 필요하다고 생각되는 경우 임차인과 관련 협의를 시작할 수 있습니다. 이 경우, 대부분의 임대사업자는 보증금 인상을 희망하게 될 것입니다. 그럴 수밖에 없는 것이, 물가 상승은 해마다 발생하고 있기에 이전에 계약한 임대료의 실질적 가치는 그만큼 하락해 있을 것이기 때문입니다.

그러나 상가건물 임대차보호법에 따라 임대료 및 보증금의 인상률은 5%를 초과할 수 없으며, 상호 간 합의되는 경우 해당 범위 내에서의 인상이 가능합니다. 사실, 임대료 인상을 위한 협의는 임대인에게 제법 부담스러운 과정이기도 합니다. 그러나 인상을 요구할 수 있는 충분한 근거가 있다면 인상 요구가 받아들여질 가능성이 큽니다. 상가의 주변 상권이 이견이 없을 정도로 발전한 경우, 또는 상가의 입지로 인해 임차인의 사업이 크게 성장한 경우가 그 예가 될 것입니다. 이런 특별한 상황이 있는 것이 아니라면, 앞서 언급된 물가 상승률이 임대료 증액에 대한 일반적인 근거로 제시될 수 있습니다.

한편, 계약 갱신에서 임대료의 인상만 논의될 수 있는 것은 아닙니다. 오히려, 계약 기간 상권이 퇴보했거나 임차인의 사업 성과가 양호하지 못한 경우, 불황이 지속되는 경우 등에서는 오히려 임대료 인하의 협의가 진행될 수도 있습니다. 여러 번 언급한 것처럼 임대료는 상가 건물의 가격과 깊은 관련이 있으므로, 그와 같은 상황에서는 임대료의 인하보다는 전액 또는 일부 금액에 대한 일정 기간의 렌트프리를 제안하는 것이 보다 나은 대응일 것입니다.

임대차계약의 종료

계약이 종료되어 임차인이 상가를 명도하는 때에 임대인은 보증금을 반환해야 합니다. 상가 임대차에서는 주택의 전세와 다르게 기존 임차인이 나가는 날에 맞춰 신규 임차인이 들어오는 경우는 흔치 않습니다. 그래서 신규 임차인으로부터 보증금을 받아, 그것을 기존 임차인에게 반환할 가능성도 크지 않습니다. 그렇기에 계약이 종료되는 것으로 확정되면 임대인은 보증금 반환을 위한 자금을 미리 준비할 필요가 있습니다. 또한 보증금을 반환할 때는 상가 건물의 상태를 반드시 점검하고, 모든 부분에서 문제가 없는 경우에만 보증금을 반납해야 합니다. 아울러 보증금을 반납하기 전에 관리비가 모두 납부되었는지의 확인도 필요합니다.

구분상가 공간의 원상복구

임대차계약에 원상복구의 내용을 명시해두었다면 임차인은 계약 만료 시 상가를 원상복구하고 퇴거해야 합니다. 물론 예외도 있습니다. 기존 임차인이 신규 임차인에게 시설 권리금을 받고 기존 상태 그대로 점포를 넘기는 것으로 약정한 경우에는, 상가 건물의 원상복구가 필요하지 않을 것입니다. 그러나 그와 같은 예외적인 상황이 아니라면 임차인 퇴거 시 원상복구의 진행이 필요하며, 이때 임대인이 기대하는 원상복구 수준과 임차인이 처리하는 원상복구 수준이 달라 분쟁이 발생하기도 합니다.

원상복구는 일반적으로 인테리어 업체 및 철거 업체를 통해 진행됩니다. 이때의 원상복구 기준은 임차가 시작되던 때의 상태 그대로입니다. 그래서 임차가 시작되는 당시에 상가의 모습을 수십 장 이상의 사진으로 구석구석 촬영해두어야 합니다. 촬영된 사진들은 스마트폰뿐만 아니라, 온라인 드라이브 서비스에 함께 보관하거나 스스로에게 메일을 보내는 방식으로 장기간 보관될 수 있도록 해두어야 합니다. 원상복구가 완료된 때에는 그 현황을 점검하고 미흡한 부분이 있다면 추가 작업을 요구하거나, 또는 추가 작업에 필요한 견적을 업체에 의뢰해서 확인되는 금액을 반환될 보증금에서 제할 수 있습니다.

현재의 구분상가에 수많은 임차가 들고 나며 많은 변화를 맞았겠지만, 최초의 모습은 분양 당시에 모든 것이 비어 있던 그 상태와 같을 것입니다. 그래서 임대차계약 당시의 사진이 없다면 분양 상가의 일반적인 모습으로 원상복구를 요청할 수 있습니다. 그럼에도 원상복구의 명확한 기준을 갖추지 못한 때에는 마감이 배제되어 건물의 골조만 남겨진 상태로 인도되기도 합니다. 물론 그런 상태가 보기에는 좋지 않을 수 있겠지만 실제 문제가 되지는 않습니다. 결국 신규 임차인은 그 공간에 새로 인테리어 작업을 진행할 것이기 때문입니다.

원상복구된 구분상가 천장

출처 : 저자 작성

원상복구된 구분상가 벽체

출처 : 저자 작성

원상복구 시에는 기본적으로 기존의 인테리어를 모두 철거하고 천장과 벽체와 바닥 모두를 원상복구해야 합니다. 천장의 경우 마감재와 전등을 원상복구하는데, 마감재로는 흰색의 타일형 텍스가 주로 시공되며, 전등은 가장 기본적인 것으로 시공되어도 좋습니다. 신규 임차인으로부터 새로 인테리어 작업이 될 가능성이 크기에, 지나치게 높은 수준으로 시공될 필요는 없습니다.

벽체는 주로 석고보드로 마감되며 그 위에 페인트칠까지 깔끔하게 시공되는 것이 일반적입니다. 물론 벽체도 다시 인테리어가 진행될 가능성이 큰 부분이니 적정한 수준으로 원상복구되어도 무리가 없습니다.

신경 써야 하는 바닥의 원상복구

반면, 바닥의 원상복구에서는 유의할 부분들이 있습니다. 이전 임차인이 인테리어를 시작하면서 타일을 새로 시공했던 경우, 해당 타일을 모두 뜯어내서 철거한 후, 기본 타일로의 재시공이 필요합니다. 타일의 상태가 양호하다고 판단해 유지하는 것으로 협의할 수도 있겠지만, 신규 임차인이 해당 타일을 그대로 사용하려 할지는 알 수 없습니다. 또한 신규 임차인이 바닥을 그대로 사용하는 경우에도, 훗날 해당 임차인이 퇴거하는 때에는 자신이 설치하지도 않은 타일을 제거하려 하지는 않을 것입니다. 게다가 신규 임차인이 새로 타일 작업을 하려는 때에 해당 타일로 인한 특별한 어려움이 있을 수도 있으니, 될 수 있으면 기존 임차인에게 원상복구를 요구하는 것이 좋습니다.

한편, 타일 시공에서 작업 편의를 위해 기존 타일을 제거하지 않은 채 새 타일을 그대로 기존 타일 위에 덮어씌우는 방식으로 시공하는 경우가 있습니다. 이 상황이 반복되면 바닥이 점차 높아지는 문제가 발생하며, 언젠가 해당 문제를 해결하려는 때에 큰 비용이

원상복구된 구분상가 바닥

출처 : 저자 작성

발생할 것입니다. 이런 상황들을 방지하기 위해서는 원상복구 시 기존 타일이 완벽히 제거된 후 재시공될 수 있도록 사전에 협의해두는 것이 중요할 것입니다.

시스템 에어컨의 원상복구

원상복구에서 임차인이 설치한 시스템 에어컨은 특별하게 살펴볼 필요가 있습니다. 원상복구 시 철거되어야 하는 일반 인테리어 설치물과는 다르게, 신규 임차인이 그대로 인수해서 사용할 수도 있기 때문입니다. 이에 관한 판단은 에어컨의 상태에 따라 3가지로 나눠볼 수 있습니다.

첫 번째는 에어컨이 설치된 지 10년에 가까워지는 경우로 이때에는 원상복구 시 함께 철거되도록 해야 합니다. 가전 업계에서는 에어컨의 기대 수명을 10년 정도로 보고 있습니다. 그래서 사용 기간이 10년에 가까운 에어컨이라면 머지않아 교체해야 할 가능성이 크고, 영업 중에 시스템 에어컨을 교체하기는 쉽지 않은 일이기 때문입니다.

두 번째는 에어컨이 설치된 지 얼마 지나지 않은 경우로, 이때에는 원상복구 대상 설치물에서 제외되어 유지시키는 것도 고려해볼

설치된 지 오래되어 영업 중 교체가 예상되는 에어컨

출처 : 저자 작성

수 있습니다. 새로 설치한 에어컨의 철거 자체가 낭비이기도 할 것이며, 신품에 가까운 에어컨이 설치된 상가라면 신규 임차인을 찾는 것에 도움이 될 수도 있기 때문입니다. 물론 이 경우에는 기존 임차인이 이를 시설 권리금에 갈음해 대가를 요구할 수도 있으니, 필요시 적정한 수준으로 협의하면 좋을 것입니다.

에어컨이 설치된 상태의 상가는 신규 임차인 입장에서 시설 비용을 줄일 수 있기에 선호될 수 있습니다. 그러나 유의해야 할 부분이 있습니다. 신규 임차인 입장에서는 에어컨을 기존 부착물로 볼 수 있기에, 이후 에어컨이 고장 나는 때에는 임대인에게 수리를 요청할 수 있다는 점입니다. 그래서 해당의 경우를 대비해, 임대차계약 시 에어컨 고장에 따른 수리 및 교체를 책임지지 않는다는 특약을 설정해두는 것도 좋습니다.

마지막은 에어컨이 설치된 때로부터 5년에 가깝게 경과된 때입니다. 보기에 깨끗한 상태라면 철거를 하기도 애매하고, 반면 남은 기대수명을 생각해보면 기존 임차인이 굳이 시설 권리금을 원하지 않은 상황이라고 해도 인수하기 조심스럽습니다. 신품이 아니기에 신규 임차인이 철거를 원할지, 반기며 사용을 원할지 예상하기 어렵기 때문입니다. 이 경우에는 정답이 있을 수 없어, 임대사업자의 판단에 달린 문제라고 볼 수 있습니다.

폐업신고의 확인

기존 임차인은 임대차계약이 만료되어 퇴거한 때에 관할 세무서 또는 홈택스 등에서 폐업신고를 해야 합니다. 퇴거한 후 시간이 경과된 후에도 폐업신고가 되지 않은 때에는, 해당 사업장이 여전히 영업에 사용되고 있다고 판단되기에 새로운 임차인의 사업자등록 및 기타 행정적 절차에 문제가 발생할 수 있습니다. 임차인 입장에서도 폐업신고가 늦어지면 과태료가 부과되는 등 손해가 발생하게 됩니다. 그래서 임대차계약이 종료된 이후에는 정상적으로 폐업신고가 완료되었는지 확인하고, 필요시 폐업신고를 요청해야 합니다.

상가 건물의 유지보수

나 대신 돈을 벌어주는 든든하고 고마운 상가 건물도 오랜 시간 동안 임차인의 사업을 지원하며 낡고 손상된 곳들이 있을 것입니다. 기존 임차인과의 임대차 기간을 종료하고 새로운 임대차를 기다리는 휴식의 시간 동안, 임대사업자는 상가의 시설 상태를 세심히 점검하고 필요한 부분을 보수해서 더욱 오랫동안 상가 건물이 제 가치를 유지할 수 있도록 관리해야 할 것입니다.

한 권으로 끝내는

실패하지 않는 상가 투자

제1판 1쇄 2025년 2월 17일

지은이 송지철
펴낸이 허연 **펴낸곳** 매경출판㈜
기획제작 ㈜두드림미디어
책임편집 최윤경 **디자인** 디자인 뜰채 apexmino@hanmail.net
마케팅 한동우, 박소라, 구민지

매경출판㈜
등 록 2003년 4월 24일(No. 2-3759)
주 소 (04557) 서울시 중구 충무로 2(필동 1가) 매일경제 별관 2층 매경출판㈜
홈페이지 www.mkbook.co.kr
전 화 02)333-3577
이메일 dodreamedia@naver.com(원고 투고 및 출판 관련 문의)
인쇄제본 ㈜M-print 031)8071-0961
ISBN 979-11-6484-751-8 (03320)

책 내용에 관한 궁금증은 표지 앞날개에 있는 저자의 이메일이나
저자의 각종 SNS 연락처로 문의해주시길 바랍니다.

책값은 뒤표지에 있습니다.
파본은 구입하신 서점에서 교환해드립니다.